計劃一下
享受一個輕巧自在的
悠哉小旅行

ことりっぷ co-Trip
小伴旅

飛驒高山・白川鄉

讓我陪你去旅行
一起遊玩好EASY～

走♪我們出發吧

抵達高山後…

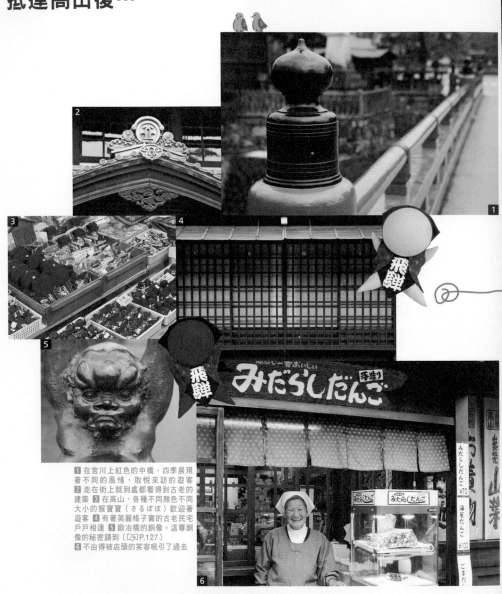

1 在宮川上紅色的中橋，四季展現著不同的風情，取悅來訪的遊客
2 走在街上就到處都看到古老的建築 **3** 在高山，各種不同顏色不同大小的猴寶寶（さるぼぼ）歡迎著遊客 **4** 有著美麗格子窗的古老民宅戶戶相連 **5** 鍛冶橋的銅像。這尊銅像的秘密請到（ P.127）
6 不由得被店頭的笑容吸引了過去

終於到高山了。 那麼，接下來要做什麼呢？

悠閒地遊逛「古老街區」，
試試和當地人聊天。
當地人的熱誠暖人心房。

在高山絕不能錯過遊逛 "三町"，吃吃著名食物、尋找民藝調性的雜貨等。三町上間間相連的店家建築也魅力無窮；朝市上

和媽媽們的對話也是一絕，懂日語的人請務必一試。酒館巡遊也是樂趣之一；夜晚的三町散步更是浪漫而美妙。

> 據說這個地區的方言，爺爺叫做 "じじい"，婆婆叫做 "ばばあ"。

高山的中心區，三町一帶。
洋溢著古老的風情。☞ P.20

旅館的玄關也富有懷舊氣息。
享受日本風情的最佳選擇。☞ P.74

和媽媽們的對話是懂日語的人可以一試的遊逛朝市。☞ P.28

多走幾步路到郊外，享受接觸藝術的時光。☞ P.70

夜晚的高山也很浪漫。有著和白天完全不同的風貌。☞ P.48

豪華絢爛的高山祭，一年舉行春秋二次。配合著高山祭的時間到訪也是很好的選擇（☞ P.30）

抵達高山後…

1 山村間代代相傳的飛驒特有鄉土料理，朴葉味噌
2 **6** 別忘了買份伴手禮給自己，作為旅行的回憶
3 東吃西吃讓遊遊更有趣。試吃眾多的御手洗丸子店，再挑出一家自己喜歡的吧 **4** 「不是「猴寶寶」而是「兔寶寶」。市區的伴手禮店裡，有許多富有創意的獨特商品
5 不作做的風景更添旅情

要吃點什麼呢？

日式西式等各種調理方式俱全的
飛驒料理，或是健康的鄉土料理、
可以輕鬆享用的外帶美食等。

飛驒牛以及大量使用山珍和
鄉土物產的料理，將取自於
日本海的新鮮海鮮入菜的料
理等，高山的美食多彩多

姿。肚子餓時可以來份著名
的御手洗丸子搭配飛驒牛串
燒、可樂餅等吃吃。飛驒牛
的握壽司也應該嘗嘗。

當地人常光顧的店也必定要
去。P.46

飛驒蕎麥麵Q彈有勁，
入口滑順。P.44

不知哪裡來的
撲鼻醬油香氣。P.40

check list

- [ ] 飛驒牛的單點菜色 P.36
- [ ] 富有個性的
      高山拉麵 P.38
- [ ] 三町的輕便點心 P.40
- [ ] 樸實的美味
      療癒身心的鄉土料理 P.42
- [ ] 師傅技術超群的
      飛驒蕎麥麵 P.44
- [ ] 高山"傳說中"的
      美味店家 P.46

要買些什麼呢？

有著手工特色的工藝品
和鄉土的美味等，只在這裡
可以買得到吃得到的東西。

高山的工匠美技自古以來代
代相傳至今。江戶時代起源
的文化，提升了居民的美學
意識，加上工匠的美技，便

孕育出了纖細而富有創意的
工藝品。此外，著名的朝市
裡和「媽媽」們殺殺價來購
物也很有意思。

朝市裡有許多高山特有的伴手
禮和食物食品、工藝品等
（P.28）

香的專門店裡，滿是豐富生活
的和風商品 P.62

木版畫的小物。選選自己的生
肖或今年的生肖吧。
P.65

check list

- [ ] 飛驒的逸品 P.52
- [ ] 飛驒設計的個人椅 P.58
- [ ] 和風小物 P.62
- [ ] 女性感的伴手禮 P.64
- [ ] 可以帶走的美味伴手禮 P.66
- [ ] 猴寶寶商品 P.68

到高山＋白川鄉玩2天1夜

小小的旅行
建議書

到高山感受風情洋溢的街區和人們的溫暖。
第2天走遠些，去看看世界遺產之一的白川鄉。
合掌造聚落的安穩寂靜風景令人心情平和。

第1天

高山站
↓
三町散步
↓
午餐享用
高山拉麵
↓
參觀町家建築
↓
旅館內用晚餐
↓
前往夜晚的街區

抵達高山站。
先步行前往
三町區域。

10:00
遊逛富有魅力的三
町（☞P.20）。
高山氛圍會一下子
高漲起來。

13:00
高山的午餐，享用つづみそば
（☞P.39）的高山拉麵。清爽
的湯頭令人一吃上癮！

14:00
參觀街區上還留存很多的
町家建築。圖右是重要文
化財的**吉島家住宅**
（☞P.24）。

外面看來很窄的町家建築，但一
進入內部，就會發現是天花板很
高的開放性空間

18:00
本陣平野屋 桃花庵（☞P.72）可以享
用A5等級的飛驒牛肉和最高級海鮮等
講究品質的會席料理。

21:00
提早享用晚餐後就去夜晚的
高山市內。在老闆的
KAMA・G（☞P.48）
裡，創造有深度的回憶。

第2天

朝市
↓
前往白川鄉
↓
野外博物館
合掌造民家園
↓
以熊鍋當午餐
↓
聚落散步
↓
購買伴手禮

搭巴士往白川鄉

8:00
稍微早起些前往**朝市**（📖P.28）。有許多新鮮的蔬菜和水果。手工製作的醬菜還可以試吃。

11:00
野外博物館 合掌造民家園（📖P.84）裡，體驗合掌造民宅內的生活。

13:00
白水園（📖P.86）進午餐。享用一下罕見的熊肉火鍋吧。做成熊外形的鍋子也很特別。

15:00
在聚落內的伴手禮店購買伴手禮後踏上回程（📖P.88）。記得挑選**布拖鞋**和**濁酒羊羹**等具有白川鄉特色的商品。

14:00
荻町合掌造聚落散步（📖P.82）。像是古老傳說中世界般的懷舊風景讓人心情放鬆。

白川鄉最大的合掌民宅和田家（📖P.82）。也被指定為重要文化財

到奧飛驒＋高山玩2天1夜

旅途中想要悠然地享受大自然，那麼以奧飛驒為中心來計劃行程是個好辦法。
享受雄偉的風景，泡泡露天浴池，身心都得以放鬆！
當然，高山的美食也千萬別忘了。

第1天

高山IC
↓
前往奧飛驒
↓
新穗高
空中纜車
↓
在途中站
午餐&足浴
↓
平湯大瀑布
↓
咖啡廳
小憩片刻
↓
投宿有人氣的
旅館

抵達高山IC。
搭車享受大自然
前往奧飛驒。

11:00
搭乘**新穗高空中纜車**
（☞P.100）飽嘗空
中散步。在中途的しらかば平站吃午餐。

別忘了在しらかば平站
旁的免費足浴泡泡腳！

15:30
在**CAFÉ MUSTACHE**
（☞P.99）享用高人
氣的自助餐好好放鬆休
息。

14:00
前往四季不同風情的**平湯大瀑
布**（☞P.96）。每年2月15～
25日可以觀賞到結冰瀑布的打
燈活動。

18:00
晚上投宿平湯溫泉街後方寧靜
而低調的**匠の宿 深山桜庵**（☞
P.102）。在大自然中的露天浴
池泡湯，消除日常的疲累。

第2天

挑選奧飛驒的
伴手禮
↓
前往高山
↓
飛驒牛午餐
↓
高山陣屋
↓
三町散步
↓
挑選工藝品
↓
購買日式甜點

10:00
奧飛驒的伴手禮，**つるや商店**（☞P.99）的湯の花入浴劑是不錯的選擇。平湯著名的相反雞蛋（はんたい玉子）也務必嘗嘗。

**前往高山。
車程1小時**

12:00
午餐就奢侈一下，在**キッチン飛驒**（☞P.36）好好享受入口即化的飛驒牛排。

14:00
三町散步是高山觀光的王道。**御手洗丸子**和**子鯛燒**等可以輕鬆享用的美食（☞P.40）眾多，真不知道要吃哪一樣呢！

13:00
著名的觀光景點**高山陣屋**（☞P.22）來感受一下歷史。

15:00
在**飛驒さしこ本舖**（☞P.53），購買一針一針細心縫製的刺子（さしこ）小物！

16:00
最後，買個美食系的**伴手禮**（☞P.66）回去。日式甜點非常多元多樣。

大略地介紹一下
飛驒高山、白川鄉

位於岐阜縣北方的飛驒地方是個四面環山的區域。
有許多值得一看的景點，包含了留存著江戶時代風貌的歷史與文化
城市高山，以及擁有溫泉和豐饒大自然、世界遺產的村落。

世界遺產
認定的村落
白川鄉
しらかわごう
　P.77

以豪雪地帶特有的合掌造建築聞名，留存著傳統文化與傳承下來的日本美。荻町的合掌造聚落，在1995（平成7）年時登錄為世界文化遺產。

　P.114　白牆土倉的城鎮
飛驒古川
ひだふるかわ

留存著製酒公司的白牆土倉、格子窗的商家等古老街區的區域。流經市中心的瀨戶川裡，各種顏色的鯉魚悠游其中，充滿了古老氛圍的景觀。

清澈的水和郡上舞
郡上八幡
ぐじょうはちまん
　P.116

位於長良川畔，是有著水利之便的清流街區。夏天的風情畫郡上舞具有全日本的知名度，最近又以食品模型之鄉而聞名。

小矢部砺波
Jct　朴峠　砺波　猪谷站　富山

156
五箇山
五箇山　南砺市
禁止通行　富山縣　飛驒市

471

380

472

高山本線

41

白川鄉
白川鄉　飛驒白川IPA
白山スーパー林道　360
白川
天生峠
飛驒河合PA
飛驒さ
飛驒古

156
白川村
宮川

高山
高山站
高

飛驒清見　小鳥峠　高山西

松ノ木峠PA
松ノ木峠　高山市

井川
位山

156
ひるがの高原SA

北濃站
高鷲

41
高山本線

郡上市
坂本峠

156
158
白鳥

岐阜縣

清坂峠
福井

郡上八幡
下呂温

下呂站

郡上八幡
郡上八幡站

472

256

41

ぎふ大和

関市

256

256

美濃関Jct　美濃市站　白川　美濃太田站

四季有不同風貌的聚落

五箇山
ごかやま
P.77

此區有2處合掌造建築的聚落。擁有23棟合掌造住宅的相倉和9棟合掌造住宅的菅沼，與白川鄉一起登錄為世界遺產。

北阿爾卑斯下的溫泉地

奧飛驒溫泉鄉
おくひだおんせんごう
P.95

平湯、福地、新平湯、栃尾、新穗高等5處溫泉區的總稱，擁有各具特色的溫泉飯店。以雄偉的大自然與優良的泉質聞名。

大町市

槍ヶ岳

常念岳

穗高岳

松本市區

新島々站

奧飛驒溫泉鄉

松本市

安房峠

158

53

飛驒的小京都

高山
たかやま
P.13

飛驒地區的中心都市，町家造建築連綿的街區和歷史名勝、除了資料館之外，伴手禮店、餐飲店等的觀光景點也很充實，很適合來散步和購物。

長野縣

木祖村

塩尻

鳥居峠

木曽町

361

王滝村

19

日本三名泉之一

下呂溫泉
げろおんせん
P.106

擁有超過千年的歷史，和草津、有馬共稱為日本三名泉的溫泉區。旅館和飯店林立，古老風情溫泉街氛圍滿點。

上松町

中津川市

中津川市街

南木曽

ことりっぷ co-Trip 小伴旅　飛驒高山・白川鄉

CONTENTS

這就是
懷舊的高山

江戶時代一直傳承至今的建築和老店的味道，
師傅的美技代表的文化與工藝等，
傳承著日本情懷和華麗感綿延不斷的城市，高山。
悠閒漫步在「古老街區」代表的三町街頭，
參觀過象徵輝煌高山文化的高山祭之後，
就應該感受得到這個城市的深度。

高山裡，

有著訴諸心靈的

風景。

逛逛三町，

尋找聳立於城市中

那「美妙的高山」。

大略地介紹一下高山

飛驒地方的中心，高山。江戶時代是熱鬧的城下町，
建構出了現在城市的基礎。
最近，購物和美食的景點也日趨充實。
是個每次到訪都可以發現新魅力的城市。

高山是……

留有江戶時代町家建築的城市。在那「古老街區」的懷古風情裡造訪名勝和資料館，就可以接觸到它的歷史和文化。春秋二季舉行的高山祭，以花車的華麗和優美聞名全日本，是日本的三大美祭之一。此外，飛驒工匠的絕妙技術製作出的傳統工藝品，以及獨特的飲食文化孕育出的飛驒牛和朴葉味噌料理等的鄉土料理也極富魅力。探索自己喜歡的好東西和美食，也是件快樂的事唷。

☞ 最新的資訊在觀光服務處索取
出了JR高山站正對面的木造建築就是飛驒高山觀光服務處，可以取得最新的觀光資訊和季節的活動資訊。
☎ 0577-32-5328
🕐 8:30～18:30（11～3月～17:00）

☞ 旅程的起點，高山站
巴士站 🚌 市內和開往郊區的巴士發抵的高山濃飛巴士中心，位於JR高山站出口後左側。

早餐在這裡吃 🍴 出了剪票口後右手邊，有家高山Associa Resort大飯店直營的「CAFE SCENERY」咖啡廳。早上8時開始營業，有提供早午套餐（450日圓），早上抵達時非常方便。

忘了帶的東西去超商買 🛒 站前有家全家超商。

☞ 租賃自行車
晴朗的日子想要去遠些時很方便。市內有幾處地方提供，而高山站步行4分，站前中央通的花川租賃自行車店還提供租車人寄放行李的服務。
●花川レンタサイクル
☎ 0577-32-1554
🏠 高山市花川町80
🕐 9:00～20:00（接受租賃）
💴 1小時300日圓
🚫 雨天、冬季、不定休

☞ 方便的「さるぼぼバス（猴寶寶巴士）」
繞行市內觀光景點的飛驒高山周遊巴士。由高山濃飛巴士中心出發，1小時2班，每天運行；1次搭乘210日圓。另外還有繞行市中心區的「まちなみバス（街道巴士）」，搭乘1次100日圓。

●自由乘車券（フリー乘車券）
（猴寶寶巴士、街道巴士共通）
1日自由乘車券：620日圓
2日自由乘車券：1030日圓
附贈高山市內主要觀光設施門票折扣的優惠。
濃飛巴士高山營業所 ☎ 0577-32-1160

「猴寶寶巴士」營運路線

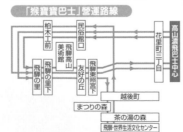

📷 P.70

飛驒之里

綠意盎然的文化區域

飛驒之里
ひだのさと

以留存了茅草屋頂的合掌造和古民宅的「飛驒民俗村 飛驒之里」為中心的區域，是個可以進行各種手做體驗的設施，以及博物館美術館聚集的文化區域。

悠閒
遊逛町家建築

櫻山八幡宮
さくらやまはちまんぐう

📷 P.33

距離高山站步行15分左右的區域，櫻花八幡宮附近的下二之町、大新町裡，有不少深具風格的町家建築。距三町有一小段距離，最適合悠閒步行前往。

充滿
高山的魅力

三町
さんまち

📷 P.20

「三町」是高山市中心區的上一之町、上二之町、上三之町，以及安川通北側的下一之町、下二之町、下三之町的總稱。是著名的高山觀光主要景點，有許多江戶時代代代相傳下來的老店等古老的町家。

旅途的起點

高山車站
たかやまえき

在高山觀光的據點高山車站周邊，有許多營業到晚上的居酒屋和餐廳。預約好車站周邊的飯店，晚上到街上逛逛也是不錯的選擇。

作為遊逛三町的據點

高山陣屋
たかやまじんや

📷 P.22

以悠久歷史聞名的高山陣屋，也是朝市景點之一。可以設計由三町出發，最後來到著名的拍照景點紅色中橋的觀光路線，也把陣屋加入走訪景點。

上方為北方　周邊圖 ◎別冊3
300m
1:30,000

觀光服務處內，可以在觸控板和網路區內自由檢索觀光資訊。

高山市區MAP

上方 為北方

周邊圖 ▶別冊4

0 100m
1:6,000

飛驒古川站　飛驒古川

總社　飛驒養心会館

🏯飛驒高山春慶會館
春慶会館前

花岡町(2)
初田町(2)

西小

P.38 やよいそば

高山署

市役所

高山市役所　休日診療所

高山米穀

かとう🅗

西小南

越中東街道

総和町(2)

本町

本田

神田町(1)

市役所前

高山拘置所

WC

卍不遠寺

P.37 レストラン ブルボン

コア21モール

天理教

検察庁
法務局

LOビル

Hida Hotel Plaza
P.76

🅗たかやま

高山シティフォーシーズン🅗

🅗旅館あすなろ

P.49 舶来居酒屋 BAR トニオ

昭和町(2)

マツザカヤギフト

裁判所

🅗ひだホテル
プラザ皆実館タワー

🅗旅館初田荘

総和町
(1)

🅡角や P.39

光明寺

🅡ラ フェニーチェ

P.47

本田

朝日町

末広町

飛驒

花岡町(1)

初田町(1)

🅗桑谷屋

卍笠曲寺

WC
市民広場

きの

ポッポ公園

総合福祉センター

センター
前

総合福祉
センター

飛驒国分寺(国分寺)卍

三重塔

P.39 つづみそば🅡

喜十郎屋🅗

P.67 稲豊

🅡飛驒

山の庵

いろは🅗

P.47

BISTRO mieux🅡

国分寺東

国分寺通

朝日町

PLAYB

🅡

mieux's Bar
P.48

P.74 旅館 田邊🅗

P.38 麺屋 しらかわ

🅗旅館

高山本線

駅北

国分寺西

74

平安楽

民宿案内所

高山濃飛
巴士中心

花里町(6)

🅗おやど古都の夢 P.74

名田町(6)

萬代角店

花川町

P.43

相生

上野家具店🆂

P.56

富士屋 花筏 P.47

高山
名産館

高山
濃飛
巴士中心

高山
名産館

十六

🅗ベストウエスタン高山

🅡飛驒そば 小舟 P.44

花川レンタ
サイクル・

駅前中央

くらや家具

🅗高山

観光服務処

昭和町
(1)

高山站

×

74

🅡飛驒産そば 飛驒 P.44

花里町(5)

🅗ワシントンプラザ　天満町(5)

名田町
(5)

岐阜新聞会館

・労働者福祉会館

・NHK放送会館

駅レンタカー

富士火災

P

高山郵便局

広小路通

市民文化会館前

市民文化会館

P

🅟昭和町1

駅南

スーパー

まつ井旅館🅗

🅗スパホテルアルピナ

飛驒高山

郵便局前

神通寺
卍

名田町
(4)

中日新聞

②和井田製作所

味蔵

JA前

・オリックスレンタカー

・JA

天理教

158

八軒町

高山運輸区

名田町4

八軒町(3)

P.75 飛驒花里の
高山桜庵湯🅗

益田街道

P.65 萬

シュープラザ

濃飛自動車営業所

久々野站

花里町(4)

天満町(4)

善光寺
卍

WC

🆂駿河屋　🅡豆天狗 P.38

久々野

A　B　C

高山的主要道路
隨興漫步遊逛人氣的三町

舊建築至今留存，滿是江戶情緒的「三町（さんまち）」。
伴手禮店和酒倉、餐廳、咖啡廳等店店相連。
就隨興看看店內，悠閒地散散步吧。

整個繞上一圈
2小時

建議出遊Time
13:00-15:00

如果要體驗尋找雜貨等伴手禮、品嘗點心、日式咖啡廳休憩等標準的三町之遊，則有個2～3小時就夠了。

三町指哪裡？

位於高山市區中心部分的上一之町、上二之町、上三之町，以及安川通（國道158號）北側的下一之町、下二之町、下三之町的總稱。由高山站步行約10分左右。

景點呢？

過去因為城下町而繁榮，歷史悠久的三町「古老街區」，被日本政府指定為重要傳統性建造物群保存地區。可以漫步其間，觀賞町家等很有韻味的建築。

在宮川上鮮豔的紅色橋樑

人氣的拍照留念景點

1 中橋
なかばし

紅色的欄干令人印象深刻的中橋是高山的象徵，櫻花的季節時紅色的橋和櫻花十分協調，風景十分優美。春天高山祭神輿通過此處的相片等也十分著名。

三町MAP

S 宮川朝市
安川通
鍛冶橋　上一之町
C 5カフェ青
上三之町
飛驒地酒蔵4S　S3布ら里
柳橋　平田記念館
上二之町
人力車在此地上車
S2手燒煎餅堂
JR高山站
三町通
筏橋
古老街區
宮川
陣屋前朝市 S
1中橋
人力車在此地上車
高山陣屋

上三之町留有濃厚的城下町風貌

街上處處都看得到飛驒地方自古相傳的御守「猴寶寶」

有許多販賣日式雜貨的伴手禮店

肚子小餓時
大口咬定小點心

2 手焼煎餅堂
てやきせんべいどう

用備長炭慢慢烤炙的煎餅（仙貝）是三町的名產。就吃吃有著撲鼻香味、剛做好的熱熱煎餅吧。☞P.40

直徑15cm的
特大尺寸！

還看得到手工燒烤的師傅

小而美的店內滿是二手布雜貨

買些可愛的日式雜貨當作伴手禮

3 布ら里
ふらり

店內擺滿了使用華麗的二手布的創作布偶和飾品、小袋子等。大都是只有一件的商品，花樣和特色也多采多姿。☞P.63

二手布樸起來
感覺很舒服

兔子的布偶
各3675日圓

在町家咖啡廳
品嘗甜點小憩片刻

5 カフェ青
カフェあお

以140年歷史的商家建築改裝的不起眼咖啡廳。可以在中庭旁的舒適空間裡，品嘗加了滿滿玩心的手工日式甜點。☞P.26

面對中庭的特等座

試喝一下找到美味的特產酒

4 飛驒地酒藏
ひだじざけぐら

店內陳列了飛驒全部12家酒廠的所有酒種和當地啤酒等超過500項的商品。可以試喝，找找你喜歡的口味。☞P.50

飛驒區域裡貨色最齊全

 搭人力車逛也很不錯！

景點處還會幫忙拍照

ごくらく舍 ごくらくや

可以聽著車夫的導覽（日文）遊逛各景點的人力車。可以在三町中心區和紅色的中橋畔搭車。不需要預約，可以輕鬆前往搭乘。

☎0577-32-1430

🏠高山市若達町1-31 ⏰8:00～18:00(11～3月為9:00～17:00) 🈵暴風雨、大雪的日子 💰2人乘車15分4000日圓、30分7000日圓、60分14000日圓～(3人搭乘均加成) 🅿️無 🚉(至各搭乘處)JR高山站步行10～15分 MAP別冊6D-3

小・小・旅・程・提・案

1 中橋
🚶 步行3分

2 手焼煎餅堂
🚶 步行即到

3 布ら里
🚶 步行即到

4 飛驒地酒藏
🚶 步行即到

5 カフェ青

三町的店家以9～10時開店、17時左右打烊的居多。餐飲店裡也有15就打烊的店家，遊逛時應預留足夠的時間。

高山・懷舊／隨興漫步遊逛人氣的三町

看一看、聽一聽。在高山陣屋 感受江戶時代的氣息

高山陣屋是日本唯一現存江戶時代的代官所（地方官府；後為郡代役所）。
當時同時擁有「政府」、「官舍」、「倉庫」等三種功能。
現今仍留存了許多當時的建築，有許多必看的景點。

景點 1 階級區分的三間
大廣間 おおひろま

使用在官方會議的大廳。分成三個房間，以身分的高低決定所在的房間。
書院造等當時的建築也留傳了下來。

導遊的推薦
位階高的官員房間使用的是有邊的榻榻米，低階的則是無邊的，榻榻米的不同也值得注意！

留有江戶時代建築的大廣間

❌高山陣屋 たかやまじんや

☎0577-32-0643 　🏠高山市八軒町1-5 　🕗8:45～17:00(因季節而異) 　❌無休(12/29、31、1/1不開放) 　¥420日圓 　🅿無 　🚉JR高山高山站步行10分 　MAP別冊6D-4

🈺開放時間因為季節而不同
●3～7、9‧10月…8:45～17:00
●8月…8:45～18:00
●11月～2月…8:45～16:30

⑤御藏

使者的間

五～八番藏跡

④吟味所‧御白洲(中

休息室

景點 2 地位之高在玄關！
前門‧玄關 おもてもん‧げんかん

越過前門看到的、掛有布幕的玄關維持著當時的原貌。
進入玄關的正面壁龕繪有青海波紋路。

布幕內側就是榻榻米的玄關之間

景點 3 民事法庭在此進行
御白洲（北） おしらす（きた）

高山陣屋內，有二處相當於現在法庭的「御白洲」。其中負責民事案件判決的，就是這御白洲（北）。

鋪著土的御白洲（北）

Close Up
為了遮住柱子上的釘子而做出兔子形狀的釘隱！官舍和官府等陣屋內的各處都看得到。

景點 4 可憐的判決之地
吟味所·御白洲(南)
ぎんみしょ・おしらす(みなみ)

審理刑事案件的御白洲也已修復。審理時可能嚴刑拷打，下面鋪有卵石。

也展示有將囚犯送至江戶的唐丸駕籠

景點 5 400年前原貌的倉庫
御蔵 おんくら

1695（元祿8）年時由高山城三之丸移來的御蔵，是日本最古老最大規模的米倉。柱子上還留有蛤刃的痕跡，這一間倉庫大小可以容量年貢米2000俵（一俵約60kg），規模令人驚訝。

現存8座倉庫之一的九番藏

導遊的推薦
像是用味噌填塞作為牆面通風口的縫隙等，御藏裡到處都可以看到古人的智慧

景點 6 冬天極冷的廚房?!
廚房 だいどころ

放有灶和木桶等的廚房。開有通風口以排掉做菜時的煙，冬天時冷風灌入。可以想像當時伙房的辛勞。

展示著當時的調理器具

景點 7 以郡代氣氛眺望庭園
庭院 にわ

天明年間改建，之後又數度進行修復的庭院。可以觀賞冬天的雪吊和春天的新綠、秋天的紅葉等四季各異的美景。

由官舍可以悠閒地觀賞庭院

地圖標示

勝手土藏　馬房
中間部屋跡
廚房
土間
郡代官舍
庭院
御居間
中ノ口
大廣間
御役所
書役部屋
御白洲(北)
寺院·町年寄·町組頭詰所
玄關
長椅
帳面土藏跡
元締官舍跡
手付手代官舍跡
陣屋東北廣場
書物藏
前門

Close Up
玄關附近有排班的導遊，可以免費提供30～60分鐘的導覽。先預約較為可靠。

提供導覽的導遊專業淵博談吐有趣令人敬佩。參觀更加充實。

知道愈多愈覺深奧
在高山的町家沉迷於建築之美

古來就有很多著名工匠居住的高山，現在也留有許多
很有看頭的建築。聞名國外的吉島家住宅，以及
當時的豪商留給今世的遺產。請好好欣賞名匠的美技吧。

1 由於南北向通道很寬，土間的挑高更顯得極為寬敞 2 本座敷看出去的中庭四季各有不同風情 3 文庫藏前室的下地窗，巧妙利用了牆內骨架的蘆葦和竹子做成，據說是千利休設計的 4 幕府賜予的方形二字形布幕，作為對幕府進貢金的回禮

這裡最迷人 土間挑高部分的橫樑和短柱構成的美麗格子是最美的景點！

高山町家的原型在此
松本家住宅

‖ 高山站南 ‖ まつもとけじゅうたく

位於市區南端，是逃過1875
（明治8）年大火一劫的珍貴
町家。經營煙草製造批發和
藥房等生意的松本家倉庫
裡，可以看到經商道具寺的
展示。

☎ 0577-36-5600 ⌂ 高山市上川
原町125 ◯ 9:00～16:30 困 週
一～五（假日和春天的高山祭時開
館）¥ 免費 P有 ♣ JR高山站步
行20分 MAP 別冊4C-2

優質木材打造的挑高部分

這裡最迷人 切妻造的二層樓建築，可以看到正面的雨遮等高山町家的原型

立體格子極美的歷史豪商宅邸
吉島家住宅

‖ 櫻山八幡宮 ‖ よしじまけじゅうたく

1784（天明4）年創業，代代
經營酒造業等行業的豪商宅
邸。現在的建築是由名工匠西
田伊三郎在1907（明治40）年
重建而成，是日本的重要文化
財。

☎ 0577-32-0038
⌂ 高山市大新町1-51 ◯ 9:00
～17:00（12～2月～16:30）
困 無休（12～2月週二休）
¥ 500日圓 P無
♣ JR高山站步行15分
MAP 別冊6D-1

高山的**町家建築**是？

● 橫樑和短柱造就的光和影
挑高的空間是高山町家最大的特徵。橫樑和短柱的格子有著採光和排煙的功能。

● 遭到幕府的禁止改為低矮的屋簷
當時的建築只允許低矮屋簷的房子。但進入內部會被天花板的高度嚇到。

ドジ？懂日文的人可以參考的町家用語
「ダイドコ＝客廳」「ドジ＝通道土間」等，町家其實有些有趣的專門用語。懂日文的人如果先了解一下，參觀時會更有意思。

正面對著越中街道

感受到町人的生活律動
宮地家住宅

‖櫻山八幡宮‖みやじけじゅうたく

經營米店、酒店、養蠶等半商半農的民家，據說是1875（明治8）年大火過後興築。房屋縱深很深，是座小而美的當時標準町家建築。

☎0577-32-8208　⌂高山市大新町2-44　⏰9:00～16:30　休週一～五（假日和秋天的高山祭時開館）　¥免費　Ｐ有　JR高山站步行20分　MAP別冊5B-2

這裡最迷人
館內還有備用的雨傘和2棟土藏等大量的收藏品。

■**1**ダイドコ（客廳）上部的挑高，使用紮實橫樑和短柱構成的豪邁木結構近在眼前。**2**榻榻米房間也非常寬敞，館內的榻榻米有150塊之多。**3**2樓正面的切角窗等，外觀上的設計也很美

有著往日生活的味道
日下部民藝館

‖櫻山八幡宮‖くさかべみんげいかん

豪雪區民宅特色的低矮而深的屋簷下，外推格子窗的直線條極美。1879（明治12）年興築的住宅，母屋內可見當時的家具等。

☎0577-32-0072　⌂高山市大新町1-52　⏰9:00～16:30（12～2月～16:00）　休無休（12～2月為週二休，逢假日則翌日休）　¥500日圓　Ｐ無　JR高山站步行15分　MAP別冊6D-1

這裡最迷人
結構簡樸的一樓。入口留著的部戶（しとみど）等展現生活的智慧。

日下部民藝館裡，有提供入館者煎餅和茶的服務。可以用半休息半參觀的方式一遊。

在現代和風氛圍的咖啡廳內
悠閒休憩一下如何？

古老風情的街區裡，也有古老町家改裝成很有味道的日式咖啡廳。
在沉穩的空間裡品嘗手工甜點，一定能度過心情舒緩的時光。
散步途中何妨進來坐坐，休憩一番呢？

古老和現代
完美協調的空間

喫茶去 かつて

‖三町‖ きっさこかつて

導入摩登元素後令人感到十分高雅的町家建築咖啡廳。可以在風情各異的櫃台座或座墊座上，享用甜味內斂的優質甜點和香濃的咖啡。

入口附近販售自製的和風小物

☎0577-34-1511 ⭢高山市上三之町92
🕙10:00～17:00 困週三 🅿無
🚃JR高山站步行10分 MAP別冊6D-3

日式聖代
「あまがさね」
（附日本茶）
900日圓

看得到格子窗外道路的櫃台座很受歡迎

推薦menu
◆ 季節的蛋糕‧‧‧‧‧‧‧‧500日圓
◆ 蕨餅‧‧‧‧‧‧‧‧‧‧400日圓
◆ 抹茶牛奶‧‧‧‧‧‧‧‧600日圓

抹茶冰淇淋、蕨餅、麩菓子等料多味美。甜味內斂

和曆瑞士卷
450日圓
（飲料搭配蛋糕
800日圓）

可以享用不同季節的內容，像是春天的草莓和秋天的栗子等

悠閒地欣賞著庭院
品嘗季節的當令甜點

カフェ青

‖三町‖ カフェあお

使用的是曾是高山市長家住宅，有140年歷史的商家建築。季節感洋溢的甜點登場時，使用專賣雜貨的姊妹店「青」的高品味餐具盛裝。

鋪有榻榻米的客廳，後方有可以觀賞庭院的座位

推薦menu
◆ 抹茶聖代‧‧‧‧‧‧‧‧800日圓
◆ 蕨餅‧‧‧‧‧‧500日圓 ※冬季不提供
◆ 抹茶與豆漿的拿鐵‧‧‧‧550日圓

☎0577-57-9210 ⭢高山市上三之町67（老田酒造占地內）🕙10:00～16:30 困無休（12～3月為週四休）🅿無 🚃JR高山站步行13分 MAP別冊6D-2

沉醉於穩重的3個空間
與溫和美好的味道中

茶房 布久庵
‖三町‖ さぼうふきゅうあん

使用優質本葛粉和蕨粉等優質食材的甜點備受好評。面對安靜道路的店，使用和服店倉庫和榻榻米房間的店內，有著氣圍迥異的3個空間，也有日式雜貨的專櫃。

☎0577-34-0126 ⌂高山市下一之町17 ⏱10:00～17:00(冬季～16:30) 週二 ℗有 🚉JR高山站步行15分 MAP別冊6D-2

希久聖代 1100日圓

一次可以吃到黃豆粉霜淇淋、蕨粉、抹茶冰淇淋等味道的奢華感

面對庭院的座位用的是極為舒適的飛驒家具的椅子

有歷史感覺的家具等到處都感覺得到歷史

可麗餅 450日圓～

熱乎乎×冰涼涼感覺絕妙的冰淇淋配料（100日圓）人氣也高

時光倒流的氣氛
圍坐地爐的時光

喫茶 手風琴
‖三町‖ きっさてふうきん

將江戶末期的住宅改裝而成的店，留有地爐的榻榻米間散發著古老氛圍。點用後才現做的可麗餅是招牌菜色。有乳酪和紅豆等共10種的多樣口味。

☎0577-34-6185 ⌂高山市上三之町93 ⏱10:00～17:30 週二 ℗無 🚉JR高山站步行10分 MAP別冊6D-3

白牆土倉的厚實店內
沉醉在豐郁的香氣裡

藍花珈琲店
‖三町‖ らんかこーひーてん

建在古老街區裡白牆土倉的店。使用石臼磨豆子沖泡的炭火燒咖啡，以Meissen等美麗的食器端出，可搭配黑醋栗冰淇淋（650日圓）享用。

☎0577-32-3887 ⌂高山市上三之町93 ⏱8:00～18:00 週四（逢假日則營業、8月無休） ℗無 🚉JR高山站步行10分 MAP別冊6D-3

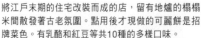

將抹茶做成卡布其諾風格的自製飲料。令人放鬆的味道

茶プチーノ 650日圓

裝飾著當地版畫家們作品等的店內

掛在藍花珈琲店內的版畫裡，也有以美人畫著名的竹久夢二作品。

早起的鳥兒有蟲吃♪
前往朝市探尋慢活的原點

朝市也是高山的代表性風景。除了可以買到新鮮的蔬菜和朝市特有的伴手禮之外，和「媽媽」們的對話也是樂趣之一。
就早些起床出門去走走吧。

什麼是かかさ
這個地方的方言，稱呼農家的媽媽們「かかさ」。

宮川朝市・陣屋前朝市 みやがわあさいち・じんやまえあさいち

據說宮川畔的朝市是從江戶時代，而高山陣屋前的朝市則從大正時代就開始了。每天早上都會開市，到處走走逛逛也很愉快。尤其是宮川朝市，在夏季的最盛期時每天都超過50家店，

販售新鮮蔬菜，以及自製醬菜和味噌、民藝品和服飾等商品。和笑容滿面的媽媽們聊聊天，有時候可以把剛買的番茄、蘋果大口咬下…之類的喔！

☎0577-32-3333(高山市觀光課)
⌂ 宮川朝市／高山市宮川畔(鍛冶橋至彌生橋之間)；陣屋前朝市／高山市八軒町1-5(高山陣屋前)⊙6:30~12:00、陣屋前朝市為6:00~(11~3月均為7:00~12:00) 困無休 🅿無 🚃JR高山站步行10分 ᴍᴀᴘ別冊6D-2(宮川朝市)、別冊6D-4(陣屋前朝市)

商品種類又多又很熱鬧喔。不要客氣就來逛逛看看嘛！

販售木製飾品和布片拼花的寄木細工小物的飛田太太，聽說已在這裡擺攤超過20年

除了「猴寶寶」和木製品等民藝品之外，也有些店販售媽媽們愛用的「もんぺ」(工作褲)

 推薦New景點登場！

滿是高山魅力的新景點
右衛門橫町
うえもんよこちょう

改裝120多年歷史的酒倉而成的複合設施。內部設有伴手禮、外帶餐點、餐廳等齊全的設施，散步途中前往也便於利用。

有著舊建築風情的建築

☎0577-57-8081 ⌂高山市下三之町19 ⊙7:30~14:30、其他視星期和時期而異 困無休(冬季可能週休1日) 🅿無 🚃JR高山站步行10分 ᴍᴀᴘ別冊6D-2

早點起床的話來看看！

古典的空間裡享用早晨的咖啡
喫茶ドン
きっさドン

1951(昭和26)年開店，是高山市內最老的咖啡專門店。可以在有著像是古董店般家具的店內，度過寧靜的時間。

乳酪蛋糕300日圓和泡芙280日圓十分受歡迎

☎0577-32-0968 ⌂高山市本町2-52 ⊙7:30~22:00 困週二(逢假日則營業) 🅿無 🚃JR高山站步行10分 ᴍᴀᴘ別冊6D-3

蔬菜、水果

飛驒蔥和紅蕪菁等剛採收的新鮮蔬菜和甜甜的蘋果很受歡迎

民藝品

聞名的「猴寶寶」和木工品、糖人等高山的民藝品和媽媽們的手製小物也多元多樣

慢食運動的種種食品

媽媽們費心製作的醬菜可以試吃，另有自製的味噌和搗麻薯

都是堅持手工製作的商品。早一點來可以買到好東西喔。

販售自製醬菜和味噌的井口太太，有趣的個性非常有人氣　　　　　主要是剛採收的蔬菜和水果、手工醬菜等，也有不少當地客，熱鬧非凡

🕊 早一點起床吃！

發現加了飛驒清酒的霜淇淋

かじ橋食堂

かじばししょくどう

加入飛驒清酒「深山菊」，口味清爽的特產酒霜淇淋之外，還可以吃到水蜜桃和咖啡口味的霜淇淋以及日本定食等。

特產酒霜淇淋300日圓

☎ 0577-33-0474 🏠 高山市下三之町1
🕐 6:00〜15:00(夏季〜17:00) 休 無休
P 有 🚃 JR高山站步行10分 MAP 別冊6D-2

圓圓的餅皮裡是柔嫩的飛驒牛！

ひだっち宮川朝市店

ひだっちみやがわあさいちてん

使用膨鬆餅皮包覆飛驒牛五花肉的點心。除了口味清爽吃不膩的醬油味之外，還有香料味十足的咖哩味。

飛驒牛まんまる焼き
1盤6個500日圓

☎ 090-7614-0962 🏠 高山市下三之町56 🕐 7:00〜12:00 休 週一〜
五 P 無 🚃 JR高山站步行10分 MAP 別冊6D-1

宮川朝市裡，路對面的伴手禮店和小雜貨店等也都在很早就營業了。可以去逛逛看看。

日本三大美祭之一
高山祭的觀賞重點，我們告訴你

精緻的技巧做出的各個華麗神輿，像是真人般舞動的機關人偶，
還有盛大的祭典遊行加上燈籠燈光交織出美麗夜晚的祭典…。
請您觀賞工匠的技術和美學意識產出的，歷史畫軸般的豪華世界。

美麗刺繡聞名的胴幕
神輿側面的胴幕上，有著纖細卻大膽的刺繡。

江戶時代原封重現的遊行
穿著傳統服飾的數百位氏子們。

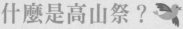

什麼是高山祭？

春天舉行的「山王祭」和秋天舉行的「八幡祭」的總稱，和京都的祇園祭、秩父的秩父夜祭並列為日本三大美祭，最大的特徵是神輿的豪華程度。春天12座、秋天11座的神輿，被日本政府指定為重要有形民俗文化財；雕刻、布幕、裝飾品等任何一樣物品都極盡美麗之能事，也正可說是飛驒師傅們技術的結晶。此外，神輿上的機關人偶也該特別注意。其他還有許多像是華麗的祭典遊行「御巡幸（御神幸）」，以及夢幻般的「夜祭（宵祭）」等不該錯過的活動。

燈籠的燈光搖曳的夜晚祭典
約莫100個燈籠搖晃前行的模樣非常夢幻。

1 春天稱為御巡幸、秋天則為御神幸的遊行　**2** 春天五台山的胴幕，居然是西陣織　**3** 塗黑漆的車輪上有著黃金裝飾　**4** 到了夜晚燈籠的燈光搖曳；春天稱為夜祭，秋天則稱宵祭　**5** 秋天八幡祭中唯一一布袋台上的機關人偶。據說是高山最費工製作的機關之一

30

豪華的神輿
神輿是高山祭的主軸！
雕刻、胴幕的刺繡和金
屬配件等細部都看得到
工匠的技術。

解開歷史
雖然起源不很明確，但據說在大名（諸候）金森氏統治飛驒的
江戶時代前半就已經存在了。至於現在的神輿形式，則在更晚
之後形成；一說是在金森氏下台，高山成為幕府直轄地，江戶
文化開始流入的文化，文政時代（1804～1830）。

令人震憾的雕刻
表情豐富而且像是就
要從神輿上飛出來般
的雕刻，觀賞比較每
座神輿也很有意思。

熟練技術突出的機關
由神輿直直伸出的管子上，
像是活人般有著各種動作的
機關人偶。這正是操縱人偶
的綱方（人偶師）的熟練技
術才有的結果。

6 石橋台的人偶最著名的場景就
是華麗的美女突然變成獅子
7 春天的大國台在遊行之際屋頂
部分會往前左右搖擺，很是美麗
8 許多神輿上都有花的裝飾
9 名匠谷口與鹿製作的春天惠比
須台的龍雕刻 10 春天的龍神台
人偶。龍神由唐裝童子人偶搬來
的壁中飛出，在漫天紙片中激烈
舞動的雄壯英姿
11 秋天寶珠台的象徵是烏龜。雕
刻之外，在屋頂上也有裝飾
12 五台山可見的雲龍昇天圖神輿
背後布幕，是畫家和工匠的技術
融合的傑作

2天有來自全日本約20萬人來觀賞高山祭，若想觀賞神輿的裝飾和人偶的絕妙動作，最好要帶著望遠鏡。

春天去？還是秋天好？
去觀賞高山祭吧

春天的高山祭在日枝神社，秋天的則在櫻山八幡宮舉行。
為了能看到那豪華絢爛的神輿，春天秋天都各有約20萬人（2天）造訪。
接著為大家介紹這盛大的祭典和可觀的地方。

告知雪國飛驒春天的腳步已到的大祭

山王祭 さんのうまつり

4月14・15日

以舊高山城下町南側的上町區域為中心舉行的日枝神社例行大祭。有12座神輿登場，其中的三番叟、石橋台、龍神台等三座會有機關人偶。時期對上的話，就可以看到在櫻花林中遊行的神輿。

❖ 春天的行事曆 ❖

4月14日		4月15日	
9:30左右	神輿展示（至16:00左右）	9:30左右	神輿展示（至16:00左右）
11:00左右	人偶表演	10:00左右	人偶表演
13:00左右	御巡幸（至16:00左右）	12:30左右	御巡幸（至16:00左右）
15:00左右	人偶表演	14:00左右	人偶表演
18:30左右	夜祭（至21:00左右）		

※此表是2013年的行事曆。
詳情會在高山祭的約1個月前在高山市網站上公布。

※ 🏠 為神輿倉庫的位置。
※2013年的資訊，出發時請先行確認。

護國神社
飛驒高山まちの博物館
宝生閣
2013年 夜祭路線（14日）
馬場町 上一之町
神輿展示（14日）
上一之町
千田記念館
三之町
片原町
柳橋
神明町 神明神社
神明町通り
御旅所
八軒町
鍛冶橋
神輿展示（15日）
馬驒橋
人偶表演（14日・15日）
臨時高山陳屋
高山陳屋
桝形橋
和合橋
JR高山站↓
廣小路 通り
上川原町
宮川
日枝神社

就是這個神社的祭典

日枝神社 ひえじんじゃ

舊高山城下町南半部的氏神。祭典的開始與結束的信號就是這個神社內的神事，遊行的出發點和終點也在這裡。

☎ 0577-32-0520 🏠 高山市城山156 🕐 免費參觀 Ⓟ有（春天高山祭時不可停車）🚃 JR高山站步行20分
MAP 別冊4D-2

摘要 可觀景點

春秋 神輿展示 やたいひきそろえ

集工匠技術精華的神輿齊聚一堂

華麗的神輿春天有12座、秋天11座。春天時神樂台、三番叟、石橋台、龍神台等4座集結在御旅所廣場，其他的神輿則在神明町通等地登場。秋天時櫻山八幡宮內有布袋台，其他的神輿則放在表參道上。

秋 神輿繞境 やたいひきまわし

秋祭特有的傳統活動極為壯觀！

白天的神輿繞境是只在秋祭進行的活動，繞境全町的4座神輿極為壯觀。4座中的神樂台、鳳凰台每年都會登場，另外2座則是布袋台之外的8座輪流參與。

出發前的**Check!**

房間訂了沒?
最好在半年前就預訂。但會有人臨時取消,不要放棄。沒房間時可以訂奧飛驒和下呂等周邊的飯店。

開車去時?
於市區會有交通管制,需利用周邊的臨時停車場。懂日文的人可以收聽當地FM廣播「HitsFM(76.5MHz)」的交通資訊。

下雨怎麼辦?
下雨時,即使只是小雨,展示、御巡幸、御神幸等室外的活動都會取消,但神輿倉庫裡可能會舉行人偶的表演,請加以確認。

詢問處(日文)
飛驒高山觀光服務處
☎ 0577-32-5328
高山市觀光課
☎ 0577-32-3333

秋 紅葉的高山市裡的典雅歷史畫軸

八幡祭 はちまんまつり

10月9・10日

以舊高山城下町北側下町區域為中心舉行的櫻山八幡宮例行大祭,11座神輿一字排開在八幡宮境內到表參道上。第一天白天由4座御神幸町內的「繞境」,是秋天才有的活動。

❖秋天的行事曆❖

10月9日		10月10日	
9:00左右	神輿展示(至16:00左右)	8:30左右	御神幸
12:00左右	人偶表演	9:00左右	神輿展示(至16:00左右)
13:00左右	御神幸(至15:00左右)	11:00左右	人偶表演
13:30左右	神輿繞境(至16:00左右)	13:00左右	人偶表演
15:00左右	人偶表演	13:30左右	御神幸(至16:00左右)
18:00左右	宵祭(至21:00左右)		

※此表是2013年的行事曆。
詳情會在高山祭的約1個月前在高山市網站上公布。

※ 為神輿倉庫的位置。
2013年的資訊,出發時請先行確認。

人偶表演
(9日・10日)

神輿展示
(9日・10日)

神輿繞境
(9日)

2013年
實際路線
(9日)

就是這個神社的祭典

櫻山八幡宮
さくらやまはちまんぐう

舊高山城下町北半部的氏神,參拜者眾多。布袋台的機關人偶便在此表演。

☎ 0577-32-0240 🏠 高山市桜町178 🕐 免費參觀 🅿有(春天高山祭時不可停車) 🚃 JR高山站步行20分
MAP 別冊5B-2

春秋 御巡幸・御神幸 ごじゅんこう・ごじんこう

江戶時代原樣的大遊行極為壯觀春天稱為御巡幸、秋天稱為御神幸的大遊行。數百人穿著傳統服飾,或演奏祭典音樂或跳獅子舞,簇擁著神輿前進。

春秋 夜祭・宵祭 よまつり・よいまつり

燈籠燈光搖曳的夜晚神輿遊行春天的夜祭、秋天的宵祭和白天的氛圍迥異。吊在神輿上多達100個的燈籠點上燈,在神輿音樂下遊行街區。

春秋 人偶表演 からくりほうのう

精巧的人偶動作十分吸引人的目光祭典中最大的亮點,春天是三番叟、龍神台、石橋台等3座,秋天則是布袋台的人偶,在舉辦的二日之內,上午和下午各表演2次。

高山祭屋台會館(☎ 0577-32-5100)裡,11座的神輿每年3次(3、7、11月)更換展示。

一個個小小的邂逅，
平靜了心情。

三町裡，
也有江戶時代般的景色。

就是高山的這些景色，
讓旅途的記憶更加濃烈。

高山，
美食大享樂

高山的飲食文化，是使用有著大自然優越條件孕育的
滋味豐富的食材，加上傳承前人智慧精華完成的。
本書介紹這個城市的美味，包含了品牌牛肉的代表飛驒牛，
以及飛驒蕎麥麵和高山拉麵的名店，還有
當地人常常光顧的
口碑極好的新餐廳等等。

入口即化的美味
絕品的飛驒牛單點菜色

風靡了美食家們的最高級品牌牛肉——飛驒牛。
在豐饒的自然中育成的飛驒牛，肉質和風味都屬頂級。
在當地名店，品嘗牛排或是壽喜燒吧。

創業之後一直提供
不變美味的專門店
キッチン飛驒

‖高山陣屋‖キッチンひだ

1964（昭和39）年創業的飛驒牛專賣餐廳。將優質的飛驒牛肉熟成2～4週，帶出鮮味和軟嫩。可以自行選擇想要的等級和份量。

☎0577-36-2911 ☖高山市本町1-66
🕐11:30～14:45、17:00～19:45
🈲週三（逢假日則營業）🅿有
🚃JR高山站步行8分 ᴹᴬᴾ別冊6D-4

推薦
飛驒牛menu
飛驒牛排午餐
3150日圓～
A-4菲力牛排套餐
(150g) 5670日圓
A-4沙朗牛排套餐
(200g) 6510日圓

❶享用口中肉汁擴散，入口即化的飛驒牛排
❷2樓另設有餐會包廂

使用當地食材的義大利餐廳
Osteria la Forchetta

‖三町‖

由近100歷史的町家改裝而成的義大利餐廳。可以享用到積極地使用當地生產的蔬菜和自製的食材，再以托斯卡尼地方等正宗義大利方式調味的絕佳美食。

☎0577-37-4064
☖高山市吹屋町3
🕐11:30～13:30、18:00～21:00 🈲週四、每月一次不定期連休 🅿無
🚃JR高山站步行13分
ᴹᴬᴾ別冊6F-3

推薦 飛驒牛menu
Tacconi義大利麵佐飛驒牛享黑胡椒Peposo風味醬汁 1800日圓

❶改裝町家而成的風格空間
❷飛驒牛的濃郁醬汁和手打義大利麵很對味

三種飛驒牛全餐
飛驒牛料理店 鳩谷

‖櫻山八幡宮‖ひだぎゅうりょうりてんはとや

使用明治初期興建的町家，有著古老風格的店內。菜色由涮鍋、壽喜燒、牛排3種選擇。可以吃到A3到A5等級的優質飛驒牛肉。

☎0577-32-0255
☖高山市大新町3-110
🕐11:30～13:00、17:00～19:00(週日僅白天營業，需預約)
🈲週二 🅿有
🚃JR高山站步行20分
ᴹᴬᴾ別冊5B-2

推薦 飛驒牛menu
涮鍋 5680日圓～
壽喜燒 5680日圓～
和風牛排 6680日圓～

❶店內全為包廂，寬敞舒適
❷變為淡粉紅色就可以吃了

飛驒牛是什麼肉？
在岐阜縣內飼養的黑毛和種，步留等級A或B，肉質等級3～5的牛肉，才能夠稱為飛驒牛肉。

活用當地食材的鐵板燒餐廳

旬亭なか川

‖三町‖しゅんていなかがわ

座落於古老街區裡有著沉穩氛圍的餐廳，可以吃到以鐵板燒調理精選的飛驒牛和飛驒鮮豬肉等菜色。使用每天送貨的近海海鮮做的菜色也值得品嘗。午餐為1500日圓～。

☎ 0577-34-4433 ⌂ 高山市上一之町33-2
🕐 11:30～14:00、18:00～21:00 休 週二
Ｐ 無 🚃 JR高山站步行15分
MAP 別冊6E-3

推薦 飛驒牛menu
庭園風飛驒牛菲力牛排
（100g～） 4200日圓
紅酒燉飛驒牛肉招牌風味 2800日圓
飛驒牛漢堡肉排套餐
2300日圓 ※只提供午餐

❶佐以當地農家和自家菜園採摘蔬菜和香草的庭園風飛驒牛菲力牛排
❷使用大正時代古民宅的餐廳

只使用A5等級的飛驒牛

レストラン ブルボン

‖本町‖

只使用飛驒牛之中最優質A5等級牛肉的餐廳。脂肪細致，因此即使是牛排，肉汁也多到都快滴下來。花費20天細熬慢燉而成的紅酒燉牛肉也值得一嘗。

☎ 0577-33-3175
⌂ 高山市本町4-5
🕐 11:00～14:00、
17:00～21:00
休 不定休 Ｐ 無
🚃 JR高山站步行10分
MAP 別冊7C-2

❶創業40年的人氣餐廳
❷套餐附湯、沙拉、麵包或米飯等

推薦 飛驒牛menu
特選飛驒牛排套餐
5400日圓～
飛驒牛紅酒燉牛肉全餐
3888日圓

老店開設的咖哩專門店

飛驒牛カレーハウス 天狗総本店

‖本町‖ひだぎゅうカレーハウスてんぐそうほんてん

創業於1927（昭和2）年的精肉店開設的咖哩專門店。一人份約加入130克的大量飛驒牛肉，可以享用到奢華的咖哩。使用做烤牛肉的部位，因此軟嫩到幾乎一碰就會散掉。

☎ 0577-32-0147
⌂ 高山市本町1-21
🕐 11:00～17:00（賣完即打烊）休 週二 Ｐ 無
🚃 JR高山站步行10分
MAP 別冊6D-3

推薦 飛驒牛menu
飛驒牛咖哩 1600日圓

❶店內只設有櫃台座
❷飛驒牛的美味濃縮在內的濃郁咖哩醬

據說飛驒牛カレーハウス天狗総本店是因為母店的外帶用包備受好評而開設的餐廳。

縮麵一吃上癮
富有個性的高山拉麵

走在高山街上，隨處可見「中華そば」的招牌。
高山拉麵的特徵是，爽口醬油風味湯頭搭配上細縮麵。
樸實口味裡，滿是各家店獨特的講究堅持。

樸實的柴魚高湯

1 這就是了，高山拉麵的基本款

偏細的縮麵加上清爽湯頭的正統派
中華そば(小) **700**日圓

3 現打出來的自製麵條美味

當天一定用完的手揉縮麵很會帶湯頭
中華そば(小) **650**日圓

細麵和湯頭極為對味！

2 十分合國人胃口清爽的湯頭

強調簡單不繁複，追求魚鮮味的古早味
中華そば(小) **700**日圓

扁平縮麵

---

1 やよいそば

‖櫻山八幡宮‖

1948（昭和23）年創業，可以吃到古早口味的中華拉麵，柔嫩到幾乎入口即化的叉燒肉也很受歡迎。位於對面的角店營業到18時。

☎0577-32-2088 ⌂高山市本町4-23
🕐11:00～15:00(角店～18:00)
(逢假日則營業到14:00左右) Ⓟ有
🚃JR高山站步行15分 MAP別冊7C-1

2 麵屋しらかわ

‖高山站‖めんやしらかわ‖

年輕店主人重現過往高山攤販美味的人氣店。追求長年受到喜愛的味道，多一道手續的如炙燒後再放入碗中的叉燒等也備受好評。

☎0577-77-9289 ⌂高山市相生町56-2
🕐11:00～13:30、21:00～翌1:00 (湯頭用完即打烊，週一為～13:30) 休週二
Ⓟ無 🚃JR高山站步行8分 MAP別冊7C-3

3 豆天狗

‖高山站‖まめてんぐ‖

使用豬大骨、雞骨架、蔬菜、優質柴魚片，再以濃味醬油調出來的高湯和縮麵十分協調，創業以來便大受好評。濃郁的沾麵也值得一嘗。

☎0577-33-5177 ⌂高山市八軒町2-62
🕐11:00～19:00 休週二(逢假日則營業)
Ⓟ有 🚃JR高山站步行8分
MAP別冊7C-4

不是「拉麵」而是「中華そば」

高山拉麵據說起源於昭和初期，可能是當時的遺風影響，當地到了現在仍然稱之為「中華そば」而不是拉麵。

4 濃郁的鮮味 令人印象深刻

陳放一夜的高湯有著圓融的滋味。
軟嫩的烤豬肉人氣也高
甚五郎らーめん **600日圓**

> 濃郁湯頭和極細麵

5 有深度的味道 深受當地人喜愛

> 有叉燒的滷汁的美味

叉燒滷汁加上雞骨架和蔬菜燉成的高湯豐富有味
中華そば（小）**600日圓**

> 加入醋或辣油也很美味！

6 可以吃出 味道變化的麵

清爽高湯放進醋或辣油，改變一下味道也很有意思
中華そば **600日圓**

高山・美食大享樂／富有個性的高山拉麵

4
甚五郎らーめん本店

‖ 高山站 ‖ じんごろうらーめんほんてん

以使用豬大骨和雞骨架燉出的高湯為底，加上陳放過醬油調出的高湯。濃郁卻不死鹹，搭配極細麵極為對味。

☎0577-34-5565 🏠 高山市西之一色町2-132-1 ⏰10:30～15:00、20:00～翌2:00 🈺無休（週日、第1、3週只營業白天）Ｐ有 🚋JR高山站步行5分 MAP別冊4C-3

5
角や

‖ 高山站 ‖ かどや

源自於1946（昭和21）年開業的居酒屋。菜色之一的中華拉麵備受好評，便重新開張為拉麵店。飛驒牛丼套餐1000日圓人氣也高。

☎0577-35-3360 🏠 高山市朝日町30 ⏰11:00～15:00、17:30～20:00 🈺週四（逢假日則營業）Ｐ有 🚋JR高山站步行10分 MAP別冊7C-2

6
つづみそば

‖ 高山站 ‖

以香氣濃厚的醬油醬汁和以豬大骨、蔬菜等熬煮而成的清爽風味高湯聞名。自製的叉燒肉使用的是岐阜的品牌豬肉"健豚"。

☎0577-32-0299 🏠 高山市朝日町52 ⏰11:30～14:00、17:00～（麵用完即打烊）、週日為11:00～15:00 🈺週二（逢假日則營業）Ｐ無 🚋JR高山站步行7分 MAP別冊7C-2

有許多拉麵店都提供飛驒牛的串燒等具有高山特色的菜色。

散步途中的樂趣♪
輕鬆享用的外帶美食

三町有許多可以輕鬆前往購買小點心的店。
飛驒牛菜色和一口大小甜點、大份量的食物…。
散步途中肚子小餓時，就去買來吃吧。

陶醉在軟嫩的飛驒牛

淡淡的醬油味很新奇！

高級飛驒牛握壽司 2個800日圓

使用飛驒牛罕見部位的優質握壽司，有著入口即化的口感和偏甜醬汁回甘的味道。而用蝦仙貝來代替盤子也很有趣。

御食事処 坂口屋
‖三町‖ おしょくじどころさかぐちや
☎ 0577-32-0244 ⌂ 高山市上三之町90 🕙 10:30～15:00
休 週二 Ｐ無 🚉 JR高山站步行10分 MAP 別冊6D-3

醬油霜淇淋350日圓

老字號造酒店運用醬油香氣做成的霜淇淋。濃郁的香草味道加上淡淡醬油味的組合，卻是出乎想像之外的對味

老田酒造店
‖三町‖ おいたしゅぞうてん
☎ 0577-32-0166 ⌂ 高山市上三之町67 🕙 9:00～17:00 休 不定休
Ｐ無 🚉 JR高山站步行10分 MAP 別冊6D-2

內容紮實大大滿足♪

現烤現吃熱乎乎

香氣撲鼻

大玉焼き300日圓

直徑約7cm，有著紮實感覺的尺寸。裡面包的是飛驒牛和鵪鶉蛋、鮮蝦等飽滿的食材。沾著桔醋清爽享用

雜貨屋 木の実
‖本町‖ ざっかやきのみ
☎ 0577-35-1539 ⌂ 高山市本町2-22 🕙 10:00～18:00 休 不定休
Ｐ無 🚉 JR高山站步行10分 MAP 別冊6D-3

飛驒の大太鼓250日圓

在店頭使用備長炭現烤而成的煎餅，是直徑達15cm的特大尺寸。塗上秘傳醬油醬料，捲上海苔後交給客人

手焼煎餅堂
‖三町‖ てやきせんべいどう
☎ 0577-33-9613 ⌂ 高山市上三之町85 🕙 9:00～17:00 休 無休
Ｐ無 🚉 JR高山站步行10分 MAP 別冊6D-3

高山的糯米丸子
是香香的醬油味

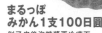

**まるっぽ
みかん1支100日圓**
剝了皮後泡糖漿再冷凍而
成的橘子。特製的糖漿讓
橘子的酸甜感覺更加美味

可愛的外觀也具
吸引力的甜點

子鯛燒5個200日圓～
一口大小的小型鯛魚燒，可以自選
紅豆、巧克力、乳酪等不同味道的
組合，建議買不同口味的來比較一
下

**御手洗丸子
1支70日圓**
外側香而裡面則是Q軟口感
的糯米丸子。高山以使用原
汁醬油調的清爽口味醬汁為
正宗，味道清爽不膩人

陣屋だんご店

‖高山陣屋‖ じんやだんごてん

☎0577-34-9139 ⌂高山市八軒町1-1-5 ⏰8:30～16:30(12～3月為
9:00～16:00) 🈺不定休 🅿無 🚉JR高山站步行10分
MAP別冊6D-4

茶乃芽

‖さんまち‖ ちゃのめ

☎0577-35-7373 ⌂高山市上三之町83 ⏰9:00～17:00
🈺無休 🅿無 🚉JR高山站步行10分 **MAP**別冊6D-3

軟
抛
抛
熱
手
手

裡
面
是
飛
驒
牛

飛驒牛肉包子420日圓
大量包入壽喜燒式調味的飛驒牛和蔬菜的包子。膨鬆的外皮和偏重口味
調味的內餡十分對味，份量也大

飛驒牛まん本舗

‖三町‖ ひだぎゅうまんほんぽ

☎0577-36-0264 ⌂高山市上二之町53 ⏰9:00～16:30
🈺週三 🅿無 🚉JR高山站步行15分 **MAP**別冊6D-2

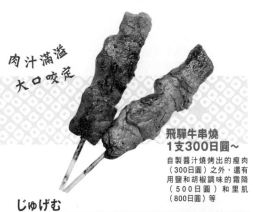

肉汁滿溢
大口咬荮

**飛驒牛串燒
1支300日圓～**
自製醬汁燒烤出的瘦肉
（300日圓）之外，還有
用鹽和胡椒調味的霜降
（500日圓）和里肌
（800日圓）等

じゅげむ

‖三町‖

☎0577-34-5858 ⌂高山市上三之町72 ⏰9:00～17:00
🈺無休 🅿無 🚉JR高山站步行10分 **MAP**別冊6D-3

部分店家在門口置有長椅，可以享用美食順便讓腳休息一下。

第一次吃到卻是似曾相似
滋味豐富的鄉土料理

飛驒的食材不只有飛驒牛。朴葉、山菜、菇類等，
山里特有的食材也很豐富。就來品嘗一下有著豐富大自然美味的
高山特有的各色美食吧。

活用食材原味做出
味道溫和的定食

↑ 田舍料理定食
1400日圓
→ 可以脫掉鞋子
在座墊座上放鬆

久田屋
‖ 三町 ‖ ひさだや

除了將當令蔬菜精美擺盤的田舍料理定食之外，朴葉味噌和山菜料理等營養均衡的定食種類多元。江戶末期興建的町家風格深具風情的建築和館內各種備品都極可觀。

☎ 0577-32-0216 ⬆ 高山市上三之町12
🕐 10:30～15:00 🈲 週三 🅿 無 🚃 JR高山站
步行10分 MAP 別冊6D-3

講究之處在此！
初夏時分藤花極美的外觀。店內的陳設也每季變換

江戶時代傳承下來的
飛驒傳統會席料理

→ 正統的本膳料理、宗和流本膳崩13068日圓

← 感受得到歷史的店內

料亭 洲さき
‖ 高山陣屋 ‖ りょうていすさき

據說作家司馬遼太郎也曾光臨的老字號料亭，可以吃到江戶時代由金森宗和推廣的宗和流茶道本膳料理十幾道菜做成全餐的「本膳崩」等正統會席料理。

☎ 0577-32-0023 ⬆ 高山市神明町4-14
🕐 11:30～14:00、17:00～19:00 🈲 不定休
🅿 有 🚃 JR高山站步行10分
MAP 別冊6D-4

講究之處在此！
據說是岐阜縣內最古老的料亭

使用高山取得食材
做成的田舍料理

↑ 內容都是飛驒傳統料理的在鄉定食
2500日圓 ← 看到大招牌和布幕就到了

京や
‖ 櫻山八幡宮 ‖ きょうや

提供飛驒傳統的醬菜和煮物、飛驒牛炭火燒等鄉土色彩濃厚的菜色。著名的飛驒地方鄉土料理朴葉味噌是自製的，由麴味噌和赤味噌調和而成。備受當地客的好評。

☎ 0577-34-7660 ⬆ 高山市大新町1-77
🕐 11:00～22:00 🈲 週二 🅿 有 🚃 JR高山站
步行15分 MAP 別冊6D-1

講究之處在此！
從越後將興築150年的民宅移來的建築物

不只是山產！海鮮也很豐富

高山有著豐富的食材，雖然一般的感覺是山產著名，但由於距離富山縣很近，日本海的海鮮也很豐富。

山菜為主的會席料理人氣高

↑清湯到下酒菜等8、9道菜色依序端出的晚餐山菜會席料理5250日圓　←沉穩的氛圍裡享用美食

蔦
‖三町‖つた

在高山的老字號料亭學過藝的女老闆開設的鄉土料理店，可以吃到以當地採摘的山菜為主的會席料理。此外，澀草燒和春慶漆繪的菜盤等各項餐具品味極高。

☎0577-33-3549　🏠高山市下二之町57-2
🕐12:00～14:00、17:00～21:00(需預約)
㊡週四　🅿有　🚃JR高山站步行15分　MAP別冊6D-2

講究之處在此！
午餐的山菜會席料理4725日圓可以變更菜色

著名料亭調理出來的洗練高雅的味道

↑盛滿了零余子的天麩羅、擬製豆腐等的山菜籃1296日圓。附甘子鱒和胡麻豆腐的定食為2376日圓　←有100個以上的座位

萬代角店
‖高山站‖ばんだいかどみせ

可以用低廉價格吃到高山老字號料亭「萬代」口味的姊妹店。在京都著名料亭學藝的廚師做出的菜色，都有著高雅的味道。炭燒、壽喜燒等飛驒牛的菜色也備受好評。

☎0577-33-5166　🏠高山市花川町50
🕐11:00～14:30、17:00～20:00　㊡不定休
🅿有　🚃JR高山站步行7分
MAP別冊7C-3

講究之處在此！
使用自製味噌做的飛驒牛朴葉味噌定食，朴葉的香氣帶出了味噌和牛肉的鮮味

料理和空間都極盡享受的奢侈的美好時光

使用當地季節蔬菜的蒸籠便當1575日圓。另有2100日圓、2625日圓等配合預算的便當

冬頭屋
‖三町‖ふいとうや

曾在京都學藝的老闆，以高湯的高雅香氣著稱。只在午餐時間營業而且採用預約制，以提供客人好好用餐的樂趣。2樓為餐廳，1樓也販售熟菜和便當(需預約)。

☎0577-32-0404　🏠高山市上一之町45
🕐11:30～14:00(1天前需預約)、1F熟菜店為9:30～16:00)　㊡不定休(熟菜店為週日休)
🅿有　🚃JR高山站步行13分　MAP別冊6E-3

講究之處在此！
建築達150年、原為旅館的建築物見證了高山的變遷

沉浸在悠久歷史的町家建築氛圍裡，使用高山的澀草燒和春慶漆繪的餐具享用，鄉土料理的風味也大不相同。

清澄的空氣與乾淨的水質 濃縮了自然美味的飛驒蕎麥麵

既有100年歷史的老店，也有新開幕的特色店。
飛驒蕎麥麵的世界裡，讓蕎麥麵專家心癢癢的名店為數頗多。
使用山菜和飛驒牛等做的副菜也是另一種享受。

愈吃飛驒牛的美味就愈是明顯

熱吃的飛驒牛蕎麥麵 1300日圓

＋多1道

鄉土料理的**蒟豆腐田樂2支**210日圓

飛驒そば 小舟

‖高山站‖ ひだそばこふね

1936（昭文11）創業。自製的偏細麵，沾上代代相傳的美味醬汁享用。人氣的飛驒牛蕎麥麵，上面放有優質的飛驒牛肉，美味無比。另有香魚和松茸等季節限定的食材。

☎0577-32-2106 ⌂高山市花里町6-6-9
🕒11:00～15:00、17:00～賣完即打烊
休週四 P有 🚉JR高山站步行即到 MAP別冊7B-3

店內有許多著名人物的簽名

飛驒產蕎麥100%的香味高雅的限定十割蕎麥麵

自磨蕎麥粉的十割ざるそば 2000日圓

＋多1道

使用店主採摘山菜做的**綜合山菜盤**1000日圓

飛驒産そば 飛驒

‖高山站‖ ひださんそばひだ

極為講究的店，使用當地飛驒產的蕎麥粉，烏龍麵的麵粉則使用日本產，山菜是店主自己上山採摘而來。店內禁煙，以便能真正感受到蕎麥的風味。

☎0577-32-1820 ⌂高山市花里町5-22
🕒11:00～賣完即打烊
休不定休 P有 🚉JR高山站步行即到
MAP別冊7B-3

位於JR高山站旁

隨時可由4種當中自選的自家磨粉的手打蕎麥麵

一個人吃4種（大碗） 1500日圓

＋多1道

使用蕎麥麵醬汁烤出膨鬆美味的**玉子燒**600日圓

ざる蕎麦 せと

‖高山站北‖ ざるそばせと

每年由高山市內農田和周遭地區進貨約15種蕎麥實，每天由其中選擇4種做成手工蕎麥麵。點餐可以用半盤為單位試吃比較也很不錯。

☎0577-35-5756 ⌂高山市下岡本町1660-5
🕒11:00～15:30 休週三
P有 🚗中部縱貫自動車道高山IC車程5分
MAP別冊5B-4

可以看到廚師工作現況的店內構造

高山，美食大享樂／濃縮了自然美味的飛驒蕎麥麵

用石臼磨高山產的蕎麥
再以手工打製而成

滿滿山珍的山菜竹籠蕎麥麵 1200日圓

多1道

蕎麥粉100%的蕎麥麵團 950日圓

名代手打ちそば 寿美久

‖高山站‖ なだいてうちそばすみきゅう

只使用飛驒產的蕎麥仔，並提供以石臼磨成自製粉做成的蕎麥麵。堅持手工打製的蕎麥麵甘美而有高香氣。蕎麥粉100%做的蕎麥麵團也是值得一嘗的菜色。

☎0577-32-0869 ⏱高山市有楽町45
🕐11:00~20:00（賣完即打烊）
⌂不定休 P有 🚃JR高山站步行5分
MAP 別冊6D-3

裝飾有珍貴繪馬的繪馬和式座位

飛驒出生飛驒成長的麵
以Q彈的口感和香氣聞名

滋味過人的蒸籠蕎麥麵 2份1300日圓

多1道

QQ的黃豆粉蕎麥餅 きな粉そば餅 350日圓

そば処 東山

‖東山寺町‖ そばどころひがしやま

以石臼每天磨日本產帶殼蕎麥，堅持「現磨、現打、現煮」。是擁有Q彈口感，以及豐富滋味的麵。另有提供女性享用的套餐菜色。

☎0577-33-0065 ⏱高山市若達町1-6-3
🕐10:30~14:30 ⌂週三 P有
🚕JR高山站計程車5分
MAP 別冊6F-2

位於寧靜寺町裡的獨門獨院型的店

傳承100餘年的
老店手打蕎麥麵

香氣豐郁的竹籠蕎麥麵 830日圓

多1道

季節的菜飯十分受歡迎（圖為春季限定的筍竹飯 380日圓）

恵比寿本店

‖三町‖ えびすほんてん

1898（明治31）年創業的老店。使用優質蕎麥自行磨粉，按照古早配方，以7成到7成5的比例混合，再以手打方式做成。不同於煮蕎麥麵湯，而是另外做的濃稠蕎麥湯也備受好評。

☎0577-32-0209 ⏱高山市上二之町46
🕐10:00~17:30 ⌂週三 P有
🚶JR高山站步行15分
MAP 別冊6D-2

充滿老店風情的沉穩店內

ざる蕎麦·せと在上午沒什麼客人時，會提供情侶可以吃到4種麵的「二人4種」（1800日圓、2人份）。

高山"傳說中"的美味店家
偷偷告訴你

在麵包領域裡有奧林匹克之稱的大賽裡獲得高評價的麵包，
以及正宗的北義大利菜、石窯烤出的披薩等，名店薈萃也是高山的魅力所在。
偷偷地告訴你當地評價很高的美味餐廳。

榮獲世界第3
實力派主廚的麵包

TRAIN BLEU
‖ 高山站南 ‖ トランブルー

有許多遠道慕名而來的顧客。重視麵包原味的主廚做出的法國麵包和可頌麵包極富好評。使用季節水果做成的華麗糕點也很多樣。

麵包 ☎ 0577-33-3989 ⌂ 高山市西之一色町1-73-5 🕐 9:30～18:30（賣完即打烊）㊡週三、有不定休 ℗有 🚉 JR高山站步行15分 MAP 別冊4D-3

🐦 傳說的
秘・密

主廚是2005年參加「世界盃甜點大賽」的日本代表，2012年擔任大賽冠軍隊的總教練。

❶ 店內有超過90種的麵包。人氣的可頌麵包165日圓等
❷ 紅磚打造的三角形屋頂很醒目

飛驒牛排與
漢堡肉排的專門店

RESTAURANT LE MiDi
‖ 本町 ‖ レストランルミディ

在法國各地學藝歸來的主廚開設的飛驒牛排和漢堡肉排的餐廳，可以吃到巧妙引進飛驒物產的獨創性菜色。晚全餐5040日圓～、午餐1890日圓～。

法國菜 ☎ 0577-36-6386 ⌂ 高山市本町2-85 🕐11:30～14:30（週六、日、假日～15:00）、18:00～21:00（週六、日、假日17:00～）㊡週四 ℗有 🚉 JR高山站步行10分 MAP 別冊6D-3

🐦 傳說的
秘・密

每道菜都充滿了主廚的感性，令人陶醉。除了美味之外，和法國相當的份量也是人氣的秘密。

❶ 飛驒牛套餐3500日圓～
❷ 讓人感覺有在巴黎街角的外觀

在古老風情的町家品嘗
石窯烤出的披薩

ヒラノグラーノ
‖ 高山站南 ‖

位於寧靜的郊外住宅區內，是將有200歷史的町家改造的披薩專門店。以石窯烤出的酥脆披薩，共有Gorgonzola乳酪（1600日圓）等24種供選擇。

披薩 ☎ 0577-36-3300 ⌂ 高山市上川原町124 🕐11:30～14:00、17:30～21:00 ㊡週一 ℗有 🚉 JR高山站步行15分 MAP 別冊4C-2

🐦 傳說的
秘・密

放入大量杏仁的自製Biscotti（10個入630日圓），是一出爐就會很快賣完的人氣商品。

❶ 石窯烤的瑪格麗特披薩 1600日圓
❷ 縱深很深的店內共有30個座位

在配置了飛驒家具的療癒空間裡享用當令的上等生菓子

富士屋 花筏

‖高山站‖ふじやはないかだ

在百年歷史的古宅中以現代飛驒風家具裝飾的甜點店，舒適空間極為迷人。可以享用到上等生菓子，以及冬季的紅豆湯圓（700日圓）和夏季的奶油餡蜜（750日圓）等。

和菓子	☎ 0577-36-0339
🏠 高山市花川町46	🕙 10:00～18:00（12～3月～17:00）
🈺 週四	🅿 有
🚃 JR高山站步行5分	
MAP 別冊7C-3	

■ 當令的和菓子與煎茶的搭配630日圓　■ 留有町家風情的沉穩建築

搭配葡萄酒輕鬆享用的輕鬆派義大利餐廳

イタリア料理 Bocca Buona

‖高山站西‖イタリアりょうりボッカボーナ

使用當地蔬菜和自製乳酪做的義大利菜，可以搭配種類豐富的葡萄酒享用。午餐900日圓～、晚餐套餐CenaA（2人份）3580日圓，價廉物美而擁有高評價。

義大利菜	☎ 0577-32-9777
🏠 高山市上岡本町7-218	
🕙 11:00～14:30、17:30～21:30	
🈺 週三（逢假日則翌日休）	
🅿 有　🚃 JR高山站步行20分	
MAP 別冊4C-4	

■ 披薩980日圓～、綜合前菜1280日圓　■ 開放式廚房的明亮店內

好好品嘗正統派的北義大利菜

LA FENICE

‖高山站‖ラ フェニーチェ

設有薪柴火爐的店內，可以品嘗到使用寒冷地方特有的義大利麵和乳製品的北義菜色。自製手工義大利麵也受好評。午餐950日圓～、晚餐全餐5250日圓～。

義大利菜	☎ 0577-36-0757
🏠 高山市総和町1-41	
🕙 11:30～14:00、晚餐時段需於當日中午之前預約（※視預約狀況可能免費給在吧台座用餐）	
🈺 週日（晚餐可交涉營業）　🅿 有	
🚃 JR高山站步行8分	
MAP 別冊7C-2	

■ 全餐菜色裡的自製義大利麵
■ 白色牆上掛著店主喜好的繪畫

以法國菜方式享用花費時間精力調製的當地食材

BISTRO mieux

‖高山站‖ビストロミュー

可以吃到運用當地食材調理的法國菜。全是飛驒牛肉的HIDA菜色（5250日圓）等，有多種可以享用飛驒牛的菜色。也備有多款精選的葡萄酒。

法國菜	☎ 0577-36-0149
🏠 高山市総和町1-55-3	
🕙 11:30～13:30、17:00～21:30（完全預約制）	
🈺 不定休	
🅿 有	
🚃 JR高山站步行5分	
MAP 別冊7C-3	

■ 燉飛驒牛頰肉佐紅酒汁 2520日圓　■ 可以悠閒用餐的沉穩氛圍

RESTAURANT LE MiDi的主廚運用當地食材做的宿儺南瓜三星布丁（350日圓）是很好的伴手禮。

今晚，就去大人的世界裡
深度享受夜晚的高山

高山的樂趣不只有伴手禮店和歷史悠久的觀光景點。
一腳跨進當地人們消費的居酒屋、聞名店主坐鎮的酒吧，
應該就可以親眼看到這個地方不為人知的魅力。好了，去夜晚的街區吧。

背景音樂中午是巴薩諾瓦，晚上則是披頭四

酒吧感覺享用飛驒牛
mieux's Bar

‖高山站‖ ミューズバー

正統法國餐廳「BRISTRO mieux」的姊妹店。除了可以低廉價格吃到優質的飛驒牛菜色之外，店內備有多種以自然派葡萄酒為主的歐洲葡萄酒，可以放鬆享用。

☎0577-35-2430　⚞高山市名田町6-13-1
🕐11:30～14:00、17:30～23:00
休不定休　Ｐ有
🚃JR高山站步行5分　MAP別冊7C-3

↑入口處也擺放了葡萄酒
↗軟嫩的燉煮飛驒牛頰肉2520日圓

深度的POINT
葡萄酒和餐點都可以低廉價格享用的酒吧風餐廳。員工和客人可以自然地對上話的輕鬆自在氛圍備受好評。

古老而新潮的吧台

不為人知的好地方
本鄉

‖本町‖ ほんごう

可以搭配品酒師同時也是侍酒師的女老闆選擇的特產酒和葡萄酒，品嘗現流鮮魚和當地蔬菜等的料理。改裝自飛驒民宅的古老氛圍，充滿了私房的感覺。

☎0577-33-5144　⚞高山市本町3-20
🕐18:00～23:30　休週日　Ｐ無
🚃JR高山站步行10分　MAP別冊7C-2

↑使用宿儺南瓜等當令食材做的法式鹹派
←美味十足的燉煮飛驒牛筋600日圓

深度的POINT
沒有大招牌，多是當地客，熟人才知道的店。與菜色合口的各種特產酒和手工水果酒都十分受到歡迎。

只有不分割原木的吧台10個座位

和有名的老闆歡樂交杯
KAMA·G

‖高山站‖ カマジー

雪茄和蘭姆酒的組合、使用巴卡拉的玻璃杯飲用等，可以享受大人飲酒趣的酒吧。以約200種杯酒為主的豐富酒類中，在和老闆杯觥交錯之間選出自己喜愛的一杯吧。

☎0577-32-4050　⚞高山市花里町3-8
🕐20:00～老闆說打烊為止
休週三　¥餐桌費500日圓　Ｐ無
🚃JR高山站步行6分　MAP別冊4C-3

↑釜谷老闆
←雞尾酒600日圓～、許多人氣超高的雪茄200～3000日圓

深度的POINT
釜口老闆會幽默地夾雜著玩笑來告訴你如何品酒，常有女性隻身前來品酒。

高山的料理和酒最為對味

飛驒的鄉土料理為了度過嚴寒的冬天，而以重口味為主流。這最適合用來下酒，尤其和辛口的飛驒特產酒最為對味。

可以脫下鞋子放鬆身心的店內

享用多彩的料理和特產酒
味処 山車
‖ 三町 ‖ あじどころさんしゃ

提供各種使用當令食材，以及飛驒牛和飛驒品牌豬"飛驒旨豚"等，經細心調理而成的料理，可以搭配推薦的特產酒享用。店內氛圍沉穩，有櫃台座和座墊座等。

☎ 0577-34-6348 ⌂ 高山市下一之町54
⏰ 17:30～23:30 ㊡ 不定休 Ⓟ 有
🚃 JR高山站步行15分 Ⓜ 別冊6D-1

↑高山的鄉土料理，漬物排600日圓
←質和量都令人滿意的飛驒牛石燒2010日圓

深度的POINT
原是洋食師傅的店主做出的菜色，不分日式西式都極精采，還提供手工披薩等菜色。每天有不同菜色供應。

播放古老音樂的店內

高山的老字號
舶来居酒屋 BAR トニオ
‖ 本町 ‖ はくらいいざかやバートニオ・

開業至今五十多年的Pub餐廳。在古老美好的酒吧氛圍包覆下，備有世界各國的洋酒及標準的各式雞尾酒等豐富的飲料，菜色也十分多樣。

☎ 0577-32-1677 ⌂ 高山市本町4-65
⏰ 19:00～翌1:30 ㊡ 週四
Ⓟ 無 🚃 JR高山站步行10分
Ⓜ 別冊7C-2

大得驚人的長條香腸1500日圓。其他也有如紅蕪菁乳酪500日圓等充滿玩心的菜色

深度的POINT
洗練氛圍的Pub。只要和幹練的經理的對話，就能夠看到高山深度的一隅了。

富有亞洲風情的店內

陪伴到深夜的100種下酒菜
鉄板創作ダイニング Mugiya
‖ 高山陣屋 ‖ てっぱんそうさくダイニングムギヤ

可以嘗到特製大阪燒以及印尼菜等的多國籍料理，選擇多達100種以上。在亞洲等各地的多樣啤酒和雞尾酒伴襯下，歡樂深夜。

☎ 0577-34-0666 ⌂ 高山市本町1-15
⏰ 18:30～24:00 ㊡ 不定休
Ⓟ 無 🚃 JR高山站步行10分
Ⓜ 別冊6D-4

印尼式炒飯980日圓

深度的POINT
營業到深夜0:30，周邊的餐飲店老闆們也會聚集於此。雖然是當地人光顧的店，但因經營者是母女，所以有著容易親近的氛圍。

「本鄉」的2樓，設有可愛內裝的包廂，十分受到女性歡迎。

去專門店打聽到了
也適合女性飲用的飛驒特產酒

飛驒地區製酒十分興盛。著名的酒品以偏辣口感居多,
但最近也有不少讓不愛喝日本酒的女性好入口的酒品出現。
在備有豐富種類的專賣店找找喜歡的口味吧。

❖ 純米吟釀 ❖
花もも 純米吟釀
和飲酒
500mℓ/1050日圓
渡邊酒造

使用飛驒種米「飛驒譽」釀造的日本酒。清爽的酸味和恰到好處的甜味,讓不愛日本酒的人易於飲用而大獲好評。酒精度也較低,約10～11度。

❖ 純米酒 ❖
じゃんぱん
720mℓ/2420日圓
蒲酒造

使用義大利製酒瓶和西班牙產軟木塞的氣泡清酒。泡泡的輕微刺激十分舒服,柔軟而清純的甜味和清爽的酸味擴散於口中。

❖ 日式利口酒 ❖
飛驒のももでつくった
あまぁいお酒
500mℓ/1260日圓
天領酒造

以精選的完熟水蜜桃的濃縮果汁和米燒酎調製,每年限量的酒品。有著水蜜桃的甜甜香氣和柔順的口感,水蜜桃的甜味和輕柔的酸味極為美味。

❖ 甘酒 ❖
飛驒あま酒
500mℓ/380日圓
飛驒地酒藏自創

只以米和米麴製作的正統甘酒。完全沒有添加糖類和防腐劑,可以感受到米本身的甜味。加了薑汁和香橙、牛奶或豆漿的甘酒也值得一嘗。也有蔬菜的甘酒可買。

❖ 日式利口酒 ❖
飛驒之梅酒
うめたん
500mℓ/1380日圓
飛驒地酒藏自創

以飛驒的銘酒"白真弓"製作的梅酒。不但適合加冰塊和加水調製飲用,加熱水調開也美味。在酒杯中放入醃漬的梅干再飲用則美味加倍。

清爽

甘口 ★ 辛口

濃厚

清爽 ★

甘口 辛口

濃厚

清爽

甘口 辛口

★ 濃厚

清爽

甘口 ★ 辛口

濃厚

清爽

甘口 ★ 辛口

濃厚

這裡
可以買到

♪♫

飛驒地酒藏
∥三町∥ ひだじざけぐら

備有飛驒地區特產酒和特產啤酒超過500種,還有些限定品只在此店能夠買到。經常備有約20種提供試喝,容易找到喜歡的口味。

☎0577-36-8350
⌂高山市上三之町48
🕗8:30～17:30(視季節變動)㉿無休 🅿無
🚉JR高山站步行8分
🗺別冊6D-3

專門店特有的知識和品質管理令人放心

高山，
文化的種種

留存著濃濃歷史風貌的高山，有著其他地方
看不到的獨特文化。
代代傳承的精巧傳統工藝品和飛驒家具，
以及手感溫潤的和風小物和手工雜貨。
還有個性派的美術館，加上風情獨具的舊建築旅館…。
請細細感受高山獨特的溫情和這塊土地的深奧。

工匠的技術高超
將飛驒的逸品作為旅途的回憶

古老卻帶著新意，復古和現代調和的名品薈萃的飛驒高山。
陶瓷器、春慶漆繪、飛驒刺子、一刀雕刻等。
親身接觸飛驒工匠做出的傳統工藝之美吧。

小糸燒
こいとやき

基本是使用名為「伊羅保」的暗色調的釉燒製。近年做出具有深度的鈷藍色「青伊羅保」更是受到歡迎。

顏色用愈多愈會變化
獨特的深沉色澤
小糸燒窯元

‖飛驒之里‖こいとやきかまもと

江戶時代初期就開窯燒陶的飛驒最老的陶瓷廠。販賣部裡可以買到餐具、茶具等齊全的商品，可以自由參觀。

☎0577-32-1981
🏠高山市上岡本町1-136 🕘9:00～17:00 🈷不定休 🅿有 🚩JR高山站搭乘猴寶寶巴士在飛驒高山美術館站牌下車即到 MAP別冊4C-5

1 陶瓷廠最受歡迎的花型咖啡杯各2625日圓。愈使用顏色會更加鮮豔
2 啤酒杯各1575日圓。燒的很透，因此啤酒的泡沫細致

春慶漆繪
しゅんけいぬり

特徵是使用透明漆來突顯出原始的木紋美。一般認為獻給茶道宗和流祖師的漆器是起源。

優雅地使用
光澤鑑人的琥珀色漆器
山田春慶店

‖櫻山八幡宮‖やまだしゅんけいてん

開設在櫻山八幡宮參道旁的店。堅持使用手工塗漆的技巧，製作西式餐具和文具等多樣的商品。

☎0577-32-0396
🏠高山市大新町1-111 🕘8:00～17:00（冬季為9:00～16:30）🈷不定休 🅿無
🚃JR高山站步行15分 MAP別冊5B-2

1 卡片盒1680日圓、自動鉛筆3000日圓。有著高雅的光澤高級感十足 2 形狀大膽有新鮮感的座鐘8400日圓 3 曲線柔美的紅酒杯8400日圓

和渋草燒、小糸燒同為高山的代表性陶瓷
由江戶時代中葉創業的窯燒出的山田燒。原為提供農民和町人使用燒製的生活雜貨，以褐色系和厚實的質感著稱。有著樸實的味道。

飛驒刺子
(ひださしこ)

由生活智慧的加強布強度中化身的工藝品。將綿線一針一針手縫，描繪出精致的花紋。

綿線描繪出的美麗花紋
各種顏色齊備的刺子小物
本舖飛驒さしこ
‖三町‖ほんぽひださしこ

店內販售使用飛驒刺子的布做的小物和衣服、DIY組合等。有時還可以看到店內師傅的作業情況。

☎0577-34-5345
🏠高山市片原町60 ⏰8:30～17:00
㊡無休（12～3月中旬週三休）
🅿無 🚌JR高山站步行10分
MAP 別冊6D-3

◼藍色的綿布縫製成麻葉花紋的陽傘11550日圓
◷刺子杯墊各420日圓。上面的刺繡了刺子最著名的幾何花紋 ◈外型高雅的面紙套各980日圓等

販售手製手繪
氣質高雅器皿的老店
渋草燒 窯元 芳国舍
‖三町‖しぶくさやきかまもとほうこくしゃ

江戶時代創業的陶瓷廠直營店，販售師傅一個一個手工做出，手繪完成的產品。

☎0577-34-0504 🏠高山市上二之町63 ⏰10:00～17:00 ㊡不定休（需洽詢）🅿無 🚌JR高山站步行15分 MAP別冊6D-3

◼有著靛藍色美麗圖繪的醬油瓶8400日圓
◷咖啡杯組15750日圓～

渋草燒
(しぶくさやき)

有「飛驒九谷」之稱，特徵是使用陶土做出的純白底胚上畫上鮮豔的圖畫。

運用一位材的特色
持續不斷地產出作品
津田彫刻
‖高山陣屋‖つだちょうこく

1843（天保14）年創業；繼承江戶末期由松田亮長創造一位一刀雕刻技巧的老店。

☎0577-32-2309
🏠高山市本町1-10 ⏰8:30～18:30（冬季～18:00）㊡不定休 🅿有 🚌JR高山站步行10分 MAP別冊6D-4

一位 一刀雕刻
(いちい)(いっとうぼり)

飛驒名木一位材的雕刻品，活用了木材心部（紅材）和邊部（白材）的顏色對比。

◼奶油刀270日圓。愈用顏色會愈深光澤愈亮
◷低廉的價格可以輕鬆入手的連根吊飾各800日圓

高山，文化／將飛驒的逸品作為旅途的回憶

「渋草燒 窯元 芳国舍」的工房是高山市指定的有形民俗文化財，可以參觀（限平日，團體需預約）。

my co-Trip

陶醉於木紋之美
製作世界唯一的春慶漆繪

春慶漆繪和一位一刀雕刻等的傳統工藝在高山非常興盛。
展示著由江戶時代到現在數百件春慶漆繪的
「飛驒高山春慶會館」裡，可以挑戰親手繪製。

體驗START

STEP 1 選擇素胎。

該選哪一種呢

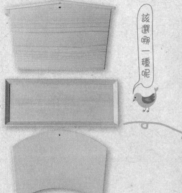

首先要選擇素胎。筆盤、繪馬、壁飾
為1800日圓，也可以選擇郵票盤
2500日圓或扇面6500日圓等。

STEP 2 挑戰繪製！

這樣畫的好不好…

終於要開始畫了。參
考著繪本，使用毛筆
和墨汁描出喜歡的圖
或文字。這裡是展現
品味的地方了！

在正式開始之前，先預習一下春慶漆繪

春慶漆繪的關鍵是素胎，顯現出了經驗豐富素胎師的專業技巧。

木材使用的是飛驒的
大自然孕育出的檜木
或日本花柏

運用裂縫分開木頭以
及剖木頭出現的刨紋
等技術做出素胎

將做成刨紋的板子泡
熱水後，進行用轉軸
折彎的「曲げ水指」
或組裝的作業

將充分乾燥後的素胎
以櫻花樹皮縫牢；底
板則使用黏著劑，用
木釘固定

有著天然木紋的素胎
就完成了

什麼是「春慶漆繪」？

製作素胎的素胎師和塗繪師的技術合而為一，製作出美麗琥珀色漆器的「春慶漆繪」。特色是看得到素胎之美的「透漆」，隨著歲月的增加其透明感更為強烈。是日本的國家級傳統性工藝品。

↑平湯溫泉

飛驒高山
春慶會館

鍛冶橋

宮川

越中東街道

高山市役所

高山本線

下呂

飛驒古川

高山站

苔川

下呂

←飛驒古川

41

158

飛驒高山
思い出体験館

飛驒之里

飛驒之里

白川街道

飛驒清見IC↓

STEP 3 塗漆。

接下來就是塗繪師的工作了。將漆中加入荏胡麻油調勻塗在素胎上之後，塗布數次生漆，待充分乾燥之後再塗上透明漆。

STEP 4 完成品送到！

約1個半月到2個月之後，完全乾透的美麗春慶漆繪成品就會寄到府上（限日本）。既可以作為旅途的美好回憶，做得很好的話還可以拿來送禮。

※相片為示意圖

其他還有這些小體驗

飛驒高山 思い出体驗館 ひだたかやまおもいでたいけんかん

15種以上的項目打造飛驒之旅的美好回憶

備有民藝區、玻璃區、環保區等超過15種項目供旅人選擇。眼前就是「飛驒之里」。

☎0577-34-4711(飛驒之里&體驗館)
合高山市上岡本町1-436
◷10:00～16:00 休週四 P有
🚃JR高山站搭乘猴寶寶巴士在飛驒の里站牌下車即到 MAP別冊4D-5

猴寶寶可自紅色、粉紅色、黃色等5種顏色挑選。需時45分鐘。

體驗memu
● 製作猴寶寶 1400日圓
● 製作福兔子 1600日圓
● 環保筷、環保筷袋 1300日圓
● 烤煎餅 10枚600日圓 等
● 相框 1300日圓

夢工場飛驒 ゆめこうじょうひだ

快樂地烤煎餅快樂地享用

可以使用專用的筷子，動手烤煎餅的體驗。煎餅的味道有醬油和芝麻等，外觀是心形或花枝形。

☎0577-32-2814
合高山市桜町52
◷9:00～17:00(因時期而異)
休無休 ¥體驗(8片)400日圓
P有 🚃JR高山站步行20分
MAP別冊6D-1

模做工作人員的動作來烤烤看吧

飛驒高山春慶會館

ひだたかやましゅんけいかいかん

☎0577-32-3373
合高山市神田町1-88
◷9:00～17:00
休不定休 ¥300日圓
P有
🚃JR高山站步行15分
MAP別冊7C-1

「飛驒高山春慶會館」裡，展示有數百件江戶、明治、大正、昭和各時代名匠的創作名品，十分值得觀賞。

木材舒服的溫潤質感
購買飛驒設計的家具

飛驒有許多日本代表性的家具名廠。
除了師傅技藝下的堅固作工之外，日式西式都合得來的現代化
設計也富有吸引力。看一看、摸一摸，找找可以用一輩子的家具吧。

展示間的角落設有
咖啡座，可以看著
店內家具小憩片刻

↑紙繩編織的
小椅子24675
日圓

櫻木色到椅面到
尺寸都可以按照
自己的喜好製作

←竹製的無扶手椅
52500日圓

1

木材顏色和尺寸都可以選擇的訂製家具
飛驒高山暮しのギャラリー

‖ 飛驒之里 ‖ ひだたかやまくらしのギャラリー

飛驒的家具廠「KASHIWA」的直營
店。充分運用木材風格的樸實家具全
部需要訂製，可以選擇木色和尺寸。
掛鐘等的家飾也很充實。

☎0577-32-7288
⌂高山市上岡本町1-260
🕘9:30〜17:30 休無休
P有 JR高山站搭乘猴寶寶
巴士在柏木工前站牌下車即
到 MAP別冊4C-5

→可用一輩子的民藝衣櫃
15萬7500日圓 ↓珠寶盒
7600日圓

2

店內滿是獨一無二的民藝家具
和日式現代風格也十分契合
上野家具店

‖ 高山站 ‖ うえのかぐてん

技術極好的工匠
仔細地製作出來的
民藝家具

民藝家具的專門店，使用櫸木和橡木
製作民藝衣櫃和壁架、火鉢等長達30
年。飛驒的工匠一個一個做成的逸
品，都是其他地方買不到的。

☎0577-32-2566 ⌂高山市花川町60
🕘9:00〜20:00 休無休 P有 JR高山站
步行7分 MAP別冊7C-3

高級品到低價的小東
西，放滿令人喜愛民
藝家具的店內

飛驒家具的原點是？

人稱飛驒家具的高山家具製作店，當初是使用「曲木」技術，將一整支木材彎曲後做出的椅子。飛驒的豐富資源和工匠的美技合而為一，便產生出了高品質的家具。

3

↓細致設計的靠背椅 38850日圓

→圓桌14萬7000日圓

美麗的外觀和好用舒適是魅力所在

←將飛驒的家具廠「シラカワ」的產品做整體陳列展示的展示間

↑樸實摩登風格的椅子 97800日圓

功能性方面棒透了！

5

其中也有獲得優良設計獎的作品，出發之前先打通電話

↓5件組 21萬4200日圓

放有許多數百年樹齡原木板的店內，滿是木材的香氣

↑匠一枚板7件組（價格需洽詢）
←匠椅子附扶手 49700日圓

坐的感覺和設計都完美無暇！的師傅美技

4

3 飛驒的著名廠家和日本國內外的家具齊集一堂

匠館

‖三町‖たくみかん

850坪大的寬敞店內，除了陳列有飛驒的著名廠商和木工師傅的手工家具之外，也販售日本國內外的優質家具。1樓陳列著飛驒的工藝品和伴手禮，也附設了咖啡廳。

☎0577-36-2511 ⌂高山市下三之町1-22
Ⓛ8:00～18:00（12～3月為8:30～17:30）
休無休（12～3月為週二休） P有 JR高山站步行10分 MAP別冊6D-2
※2013年10月下旬～2014年9月前後休館

4 整片木板的餐桌到掛鐘、木牌等小東西也多

功匠工房

‖三町‖こうしょうこうぼう

除了使用整塊木板訂製的餐桌之外，椅子、板子類等大小各異的商品齊全。此外，掛鐘、木牌、單支花器等最適合作為伴手禮的小東西也多種多樣。

☎0577-34-7341 ⌂高山市上一之町14
Ⓛ9:00～18:00 休不定休 P無
JR高山站步行15分
MAP別冊6E-3

5 使用飛驒師傅技術的設計感十足的家具齊聚

日進木工 ショールーム

‖高山站北‖にっしんもっこうショールーム

販售1946（昭和21）年創業的日進木工獨創家具。線條細致的現代風設計，輕而堅固為其特徵。打算購買的話出發之前應先電話確認。

☎0577-34-1122 ⌂高山市桐生町7-78
Ⓛ9:00～18:00 休週日、假日（週六不定休）
P有 JR高山站搭計程車5分
MAP別冊5B-3

如果有購買家具的打算，應先量好擺放買家具空間的寬度和深度。

my co-Trip♪

會一～直想用下去
製作用一輩子的個人椅

坐來舒服，又有著木頭溫潤質感的飛驒家具，
是令人心儀的逸品。趁著這次旅行，來訂製一個
完全適合自己的個人椅吧。

曲木加工做成的椅
背坐來非常舒適
DC-01靠背椅
39900日圓

STEP 1 10:00～
在高山城區的展示館裡
讓感受更為強烈。

展示館裡可以
實際感受木材
極佳的手感

↑展示整塊木板餐桌等的小型展示館。
2樓也有展示 →也販售內裝用雜貨的
置酒架（原形）3150日圓等小物

家具工房 雉子舍 Gallery

かぐこうぼうきじやギャラリー

以"能夠看到家具的製作者"為經營
方針，接受木製家具的基本款訂做及
客製化款式，品項廣泛。為了讓客人
能看到實際的商品，而在本町開設了
展示館。

由原木階段開始製作的整片木板
的餐桌（面板）

話說回來，飛驒家具
到底是什麼樣的東西？

◎歷史由大正時代開始
由德國傳來的曲木技術，讓使
用豐富櫸木製作的西式家具極
為興盛。

◎特色是使用整片木板的曲木
最擅長製作坐來舒適的自然曲
線。餐桌和椅子等有腳家具的
代表性產地。

廚房無背椅25200
日圓。豆子形狀的
椅面很有時髦的氛
圍

能夠調整高度的
旋轉椅disc
39900日圓

山路上搭車兜風
約15分鐘

STEP 2

12:00～
以自然的美味
先填一下肚子吧。

可以吃到
山藥的香氣
和風味

將合掌造的古民宅遷移來的店內。
高高的天花板很有開放感

じねんのむら 茶茶
じねんのむらちゃちゃ

遷移屋齡約220年古民宅至此的
店內，可以吃到使用山藥入菜的
日本料理。飛驒的越光米、當地
契約農戶的蔬菜，每道菜都充滿
了自然的美味。

淋上大量風味濃郁都山藥泥的
とろろ御膳竹1890日圓。
とろろめし1029日圓

家具工房 雉子舍 Gallery
☎ 0577-34-5674
🏠 高山市本町2-52
🕙 10:00～18:00
㊡ 週二、三 Ⓟ 無
🚃 JR高山站步行10分
MAP 別冊6D-3

じねんのむら 茶茶
☎ 0577-78-2066
🏠 高山市丹生川町坊方1064-1
🕙 9:00～20:00 ㊡ 無休 Ⓟ 有
🚃 JR高山站計程車15分
MAP 別冊3C-2

吃的
飽足感十足
接著逛下去吧。

像是兔子般的設計
令人喜愛的兒童椅
（無扶手）22050
日圓

飛驒古川
富山
高山本線
国道471号
41
41
家具工房 雉子舍
じねんのむら
茶茶 Ⓢ
上高地→
158
丹生川文化ホール Ⓡ
高山IC
高山站
ドライブステーション
板蔵 Ⓢ
158
高山西IC
中部縦貫自動車道
飛驒清見IC Ⓢ
木童工房
オークヴィレッジ
飛驒的家具館 Ⓢ
家具工房
雉子舍 Gallery
郡上市
久々野 ↓下呂

STEP
3

14:00 〜
抵達生產木製家具的
「森の工房」。

家具工房 雉子舍
かぐこうぼうきじや

由一般道路進入小路後抵達的工房，是座靜靜地座落在森林裡的建築。只要先行連絡，工房內可以進入參觀。（週末、假日的參觀請洽詢）

工房內師傅們
辛勤工作中

參觀工房吧。

細部的切削作業都是手工仔細進行的

工房參觀時也提供日文的解說

我能夠
摸一下嗎？

後面就交給師傅了

STEP
4

15:00 〜
和店家洽談
椅子的設計。

想像中椅子的樣式，以照片等方式來洽談。由於全訂製的方式價格昂貴，最好以現有形式的椅子來調整高度製作

要測量尺寸到坐起來不高不矮的舒適椅面高度

選擇木料。櫻桃樹或橡木等木材種類固然多，但部分家具能夠挑選的木材種類有限

師傅們會一件一件地仔細做好每個細部

製材

接榫加工～組裝

成形

圖片為示意圖，
招牌商品的
Molly chair（單肘）
18萬6900日圓

之後便細心地打磨、
組裝、塗料滲透型塗
裝等一步一步完成下
去。

完成!!

約2個月
用一輩子的個人椅
便可完成。

每個椅子都由2～3個師傅一
起製作完成，下單到完成約
需2個月時間。等待是有價
值的，收到時的感動更加強
烈。

家具工房 雉子舍
☎ 0577-78-4030
⌂ 高山市丹生川町大萱1430-2
🕐 10:00～17:00（參觀需事先聯絡）
⊗ 週日、假日；第2、4週六
Ⓟ 有 🚗 JR高山站車程20分
MAP 別冊3C-2

ドライブステーション板蔵
☎ 0577-78-1138（板蔵らーめん）
⌂ 高山市丹生川町坊方2114
🕐 8:30～17:30
⊗ 無休 Ⓟ 有
🚗 JR高山站車程15分
MAP 別冊3C-2

STEP 5

17:00～
途中順道買些伴手禮
回到高山的市區。

ドライブステーション板蔵裡，可以買
到人氣的高山拉麵「板 ラーメン」之
外，還有許多販售飛驒伴手禮的店
面。

紅蕪菁 各420日圓
適合做茶泡飯的碎切
型也受歡迎

飛驒高山 板蔵拉麵
（5份入）1050日圓
以清爽醬油湯頭和入口滑
順的麵聞名

在這裡也能訂製椅子

木童工房 もくどうこうぼう
運用傳統工法的師傅手工

使用傳統工法製作手工家具的工房。從
選擇優質的木材，到使用刨子、鑿子等
手工具完成為止，師傅的作工精細。
☎ 0577-68-2322
⌂ 高山市清見町牧ヶ洞426 🕐 9:00～17:00
⊗ 週六、日 Ⓟ 有 🚗 中部縱貫自動車道高山
西IC車程5分 MAP 別冊3B-2

飛驒の家具館 ひだのかぐかん
也設有暢貨中心的老店展示室

1920（大正9）年創業家具廠商的展示室。
展現工匠技術的啄木鳥商標的西式家具，
在國外也備受好評。另設有暢貨中心。
☎ 0577-36-1110
⌂ 高山市名田町1-82-1
🕐 9:00～18:00 ⊗ 無休 Ⓟ 有
🚶 JR高山站步行15分 MAP 別冊4C-3

Oak Village オークヴィレッジ
木碗到大型家具都有

店內陳列有多種大型家具到木製玩具、
餐具、文具等使用木材製作的商品。不
易看膩的樸實設計也深獲喜愛。
☎ 0577-68-2220
⌂ 高山市清見町牧ヶ洞846 🕐 9:30～16:30
⊗ 無休 Ⓟ 有 🚗 中部縱貫自動車道高山西IC
車程3分 MAP 別冊3B-2

送個伴手禮給自己如何？
人氣SHOP的日式小物們

古老風情的高山市內，有許多販售可愛日式小物的店家。
來找找光是擁有就很快樂的，使用古老布料做的雜貨和當地作家的
工藝品等，最火紅的日式小物吧。

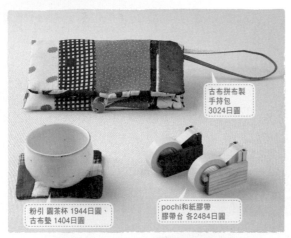

古布拼布製
手持包
3024日圓

粉引 圓茶杯 1944日圓、
古布墊 1404日圓

pochi和紙膠帶
膠帶台 各2484日圓

品味高雅
日常使用的品項
kochi
‖高山站‖コチ

店內陳列著富有設計感的生活雜貨，包含身
為工藝作家的店主夫妻作品，以及當地作家
的陶器、玻璃、布製小物等。

☎0577-35-5176
⌂高山市西之一色町
2-84 ◷10:00～19:00
（冬季12:00～）
㊡週四、第3週五（逢
假日則營業）
Ⓟ有 🚃JR高山站步行
10分
MAP別冊4C-3

木製十分好拿的質感
BAR訂書機2700日圓

柔順的香氣
作為旅途的回憶
香舖 能登屋
‖三町‖こうほのとや

位於「古老街區」內的香氛專門店。除
了高達150種的香之外，香插和香爐、香
包等貨色齊全。價格上容易出手的商品
多也令人愉快。

人氣的三之町系列（香
7支入）各430日圓

☎0577-33-0889
⌂高山市上三之
町104 ◷9:30～
17：00（冬季
10:00～16:00）
㊡週三（逢假日則
翌日休）Ⓟ無
🚃JR高山站步行
10分
MAP別冊6D-3

古い町並みin飛驒高山
（香20支入）1300日圓

猴寶寶香插 950日圓
香盤 540日圓

縮緬布香包
各430日圓

接觸古布的魅力
古布指的是昭和初期之前使用過的和服或是布匹的意思，有時會被稱為古裂。從前的和服使用的布料大都很好，現在看不到的用色和花樣很新鮮。

書套
2100日圓

絲巾 2100日圓、
絲巾固定鈕 1050日圓

髮簪（蓮）1260日圓、（茶花）1050日圓

觸感柔軟的手染製品
松倉山莊
‖飛驒之里‖まつくらさんそう

使用古民宅的建築，由染物作家女兒和母親一起經營的雜貨商店。陳列了使用細心手染的布製作的商品和陶器、日式小物等商品，店內另附設了茶房。

☎0577-32-0764
🏠高山市西之一色町3-933-26（友好的丘巴士站牌前）
🕙10:00～16:00　🈺週四、日（12月中旬～3月中旬停業）　🅿有
🚉JR高山站步行15分
MAP 別冊4C-4

裝置了真皮把手的獨創包巾包包
2100日圓～

許多色澤鮮豔的古布雜貨
布ら里
‖三町‖ふらり

販售使用江戶到昭和初期的絲綢等華麗古布手工做成的人偶和包包等。由於花色和設計等沒有一件是相同的，因此可以找到完全屬於自己的物品。

手環 1050日圓
使用古布做的個性派飾品

☎0577-32-1980
（飛驒民俗考古館）
🏠高山市上三之町82
🕙10:00～17:00（11～3月～16:30）
🈺不定休
🅿無
🚉JR高山站步行10分
MAP 別冊6D-3

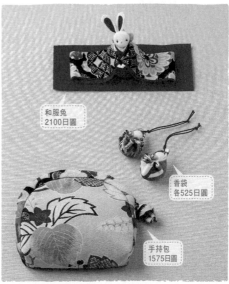

和服兔
2100日圓

香袋
各525日圓

手持包
1575日圓

松倉山莊的茶房裡，可以享用手製紅豆湯圓和午餐。

不由得驚喜萬分
收集了女性感的伴手禮

高山有許多加入了少女情懷的可愛商品。
高山的作家作品、商店的獨創商品、日式小物等…
每一件都獨特而可愛，當伴手禮送給朋友一定會很高興。

ゆうらさ 960日圓
毛氈做的不倒翁（起き上がりこぼ
し）。搖來搖去地很有療癒效果

牛奶瓶的除臭清香劑 1050日圓
香氣有櫻花和天竺葵等2種。用完後還
可以作為花器使用

精選ぴーたん 各600日圓
出自於高山的奇特吉祥物「ぴーた
んふぁみりー」的吊飾

うさっち吊飾 1890日圓
羊毛人偶作家做的うさぎ舍獨創吉祥
物，頭飾和耳飾很可愛

季節的印香 1050日圓
每季變換設計的印香組。香味淡了
之後，可以點火燒香

おわんブリキ 800日圓
將碗倒過來的形狀獨特商品。內裝有
彈簧可以上下搖晃

兔寶寶商品的寶庫
うさぎ舍
‖三町‖うさぎや

蒐集全日本各處兔子雜貨的店。還可
以買到猴寶寶的兔子版「兔寶寶」等
獨創商品。

☎0577-34-6611 ⌂高山市上三之町37
🕐9:30～17:00（夏季可能延長）
㊡無休 Ⓟ無
🚃JR高山站步行10分
MAP別冊6D-3

高雅的日式小物博人氣
青
‖三町‖あお

以日式為主題，提供適合平常使用商
品的精品店。可以買到高品味的布製
品和陶器等商品。

☎0577-34-9229 ⌂高山市上一之町85
🕐10:00～17:30 ㊡無休 Ⓟ無
🚃JR高山站步行15分
MAP別冊6E-3

眾多個性派的動物商品
咲くやこの花
‖三町‖さくやこのはな

店內有許多使用馬口鐵和日式材料等
製作的動物裝飾品和飾物等充滿趣味
的商品，也附設有咖啡廳。

☎0577-37-7733 ⌂高山市上三之町34
🕐9:00～17:00 ㊡無休 Ⓟ無
🚃JR高山站步行10分
MAP別冊6D-3

> **高山的吉祥物人氣高嗎!?**
> 咲くやこの花的「ぴーたんふぁみりー」，很受到年輕女性的喜愛。除了亮晶晶的精選ぴーたん之外，新的夥伴如留學ぴーたん、小ぴーたん等也愈來愈多了。

小鳥磁鐵 100日圓～
使用樹實或樹皮等自然材料做成的小鳥。胖胖的身形非常可愛

"AIKICHI" 人偶手機吊飾
各510日圓
店內自創的吉祥物「AIKICHI君」手機吊飾，可作為戀愛有成的御守

骰子 620日圓
繪有花卉圖樣的十二面體骰子。中間裝有鈴鐺，滾動時會發出聲音

昆蟲磁鐵 各100日圓～
顏色鮮豔而閃閃發光的蝴蝶之外，還有蜜蜂和蝸牛等

Psychedelic*Strawberry小錢包
1890日圓
使用復古普普風布料做出的單件物品。手掌大小適合作為零錢包或小物使用

對不起狗狗 970日圓
因為主人發脾氣而趴著的狗狗可愛模樣，木版手染的絨毛玩偶

自然風味的房間飾品
ぴーちくぱーく
‖ 三町 ‖

小鳥和昆蟲、動物形狀的磁鐵很受歡迎。另有自由創作的區域，可以自由組合花環等做出新的作品。

☎0577-35-3020 🏠高山市上二之町17
🕘9:00～17:00 ❌無休 🅿無
🚃JR高山站步行10分
🗺別冊6D-3

作家品味出眾的小物們
SAN AI HANDMADE
‖ 三町 ‖ サンアイハンドメイド

店內陳列了超過70名作家手工製作的飾品、包包、小物等商品，件件都是個性豐富的作品。

☎0577-33-0396 🏠高山市上三之町80
🕘9:00～17:00（有季節性變動）
❌無休 🅿無 🚃JR高山站步行10分
🗺別冊6D-3

細緻的圖樣和顏色很吸引人
真工藝
‖ 高山陣屋 ‖ しんこうげい

以自創的手法將圖樣染上未經加工綿布的絨毛玩偶，以及以木版畫為基調製作民藝品的工坊的直銷商店。

☎0577-32-1750 🏠高山市八軒町1-86
🕘10:00～18:00 ❌週二 🅿有
🚃JR高山站步行10分
🗺別冊7C-4

真工藝的木版手染絨毛玩偶另外還有貓、鳥和生肖系列等。

高山，文化／收集了女性感的伴手禮

可以和旅途的回憶一起享用
把飛驒的美味帶回去♪

高山有著各種可以帶回家的美食伴手禮，包含
可以加菜的老店名品，以及溫和美味的各種糕點等。
有了這些美味的伴手禮，回憶旅程的話題勢將更為有趣。

い 一口大小的
可愛小饅頭

使用加了山藥的Q彈餅皮包餡，五色
小饅頭1個110日圓～。共有艾草、栗
子、蕎麥等5種口味

3 和菓子師傅製作的
季節瑞士捲蛋糕

使用當令的水果和新栗子等季節食材
做成的日式瑞士卷蛋糕260日圓～。
使用米粉的蛋糕濕潤而膨鬆

は 使用產量稀少的
香氣豐郁的日本產紅茶

以奧飛驒溫泉的蒸氣和熱度讓日
本產茶葉紅富貴發酵而成。分為
一番茶、二番茶、綜合等3種。
飛驒紅茶2.5g8包入840日圓～

に 使用優質蕨粉的
優異Q彈口感

淋上自製的黃豆粉和黑糖漿，以常
溫食用不必冰涼，早蕨480日圓。
常會販售一空，要買儘早

ほ 由飛驒牛牛排專門店製作的優質洋火
腿，特徵是香氣和高品質。もろみ里肌
火腿250g1838日圓

へ 特色是綠色和香氣的
清爽焙茶

出生於飛驒的綠色焙茶有著讓
人放輕鬆的香氣 飛驒の露
190g1050日圓。高山市推薦
土產品審查會優秀獎土產品

 とらや饅頭老舗
三町　とらやまんじゅうろうほ
☎0577-32-0050 ⚑高山市上二之町75
🕐8:30～18:00 休無休 Ｐ無
🚌JR高山站步行10分 MAP別冊6E-3

 いわき
三町
☎0577-34-1113 ⚑高山市上三之町111-2
🕐9:00～17:00(賣完即打烊) 休不定休
Ｐ無 🚌JR高山站步行10分 MAP別冊6D-4

 彩菓 なな草
三町　さいかななくさ
☎0577-36-7793 ⚑高山市上二之町64
🕐9:00～17:00 休週二 Ｐ無
🚌JR高山站步行15分 MAP別冊6D-3

 キッチン飛驒
高山陣屋　キッチンひだ
參考►P.36

 なべしま銘茶
三町　なべしまめいちゃ
☎0577-32-4086 ⚑高山市下一之町12
🕐10:00～17:30 休週二 Ｐ有 🚌JR高山站步行15分 MAP別冊6D-2

 まつの茶舖
本町　まつのちゃほ
☎0577-34-1017 ⚑高山市本町2-37
🕐8:30～19:00(週日、二～17:00) 休無休
Ｐ有 🚌JR高山站步行8分 MAP別冊6D-3

飛驒與駄菓子

位於山區寒冷地帶的飛驒，自古以來就農作不興，外界物資也不易流入。使用民眾容易買到的大豆（黃豆粉）和日本七葉樹等穀物、樹仔、麥芽糖等做成的糖果點心，現在仍是眾人熟悉的駄菓子。

愈嚼愈有味道的質樸的傳統糕點

將穀物乾焙做出的駄菓子，香氣濃郁而味道自然。有白芝麻、黑芝麻和花生等3種口味。こくせん1袋315日圓～

原味的清爽口味　充分發揮飛驒蔬菜

加入大量切碎飛驒蔬菜的法國沙拉醬。紅蕪菁沙拉醬、飛驒蔥沙拉醬各480日圓

重現飛驒的美味　使用高山味噌

在大木桶中慢慢熟成的味噌，黃豆的香氣豐郁而鹽份較低。こうじ味噌、いなか味噌各500g420日圓

鮮豔的顏色與濃郁的香氣　大量使用艾草

完全未使用人工色素，完全由日本產艾草做成；包著濕潤美味的紅豆餡。草まんじゅう1個130日圓

最下飯的常備菜　酸味和鹽的調配絕妙

紅蕪菁漬有著適度的酸味，紅色是天然的蕪菁顏色。紅蕪菁甘醋漬1杯（220g）、茄子醪漬1杯（200g）各530日圓、飛驒甘味黃蘿蔔1袋600日圓

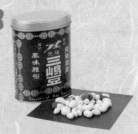

傳統豆菓子　鍾愛超過130年的

乾焙過的黃豆加上砂糖做成的豆點心。綠色是用來調整口味的青海苔風味。馬印 三嶋豆（復古罐）840日圓～

谷松本店

三町　たにまつほんてん

☎0120-46-9627 🏠高山市上一之町53
🕐9:00～18:00 ㊡無休（1～3月為週三）🅿無
🚃JR高山站步行15分 MAP 別冊6E-2

稲豊園

高山站　とうほうえん

☎0577-32-1008 🏠高山市朝日町2（国分寺通り）🕐8:30～20:00 ㊡週二 🅿無
🚃JR高山站步行8分 MAP 別冊7C-3

飛驒小町

三町　ひだこまち

☎0577-32-0318 🏠高山市上三之町47
🕐9:30～17:00（冬季會變更）㊡不定休 🅿無
🚃JR高山站步行10分 MAP 別冊6D-3

京や漬物店

三町　きょうやつけものてん

☎0577-32-0144 🏠高山市下一之町48
🕐10:00～16:00 ㊡週二 🅿有
🚃JR高山站步行15分 MAP 別冊6D-1

醸造元角一

三町　じょうぞうもとかくいち

☎0577-32-0122（日下部味噌醬油醸造）🏠高山市上一之町90 🕐8:10～17:00（冬季為8:40～）
㊡無休 🅿有 🚃JR高山站步行15分 MAP 別冊6E-3

馬印 三嶋豆本舗

三町　うまじるしみしままめほんぽ

☎0577-32-1810 🏠高山市上一之町103
🕐9:00～17:00 ㊡不定休 🅿無
🚃JR高山站步行15分 MAP 別冊6E-4

醸造元角一還提供可在自家享用朴葉味噌的附火爐朴葉味噌套組4200日圓。

高山，文化／把飛驒的美味帶回去♪

由種類多元多樣的猴寶寶當中
挑選出你最喜歡的一隻

高山著名的伴手禮猴寶寶,增加了許多形形色色的夥伴。
有樸素的和風款也有與吉祥物合作款的猴寶寶,樣式多元,
挑選來留作紀念或是送人都非常有意思。

什麼是猴寶寶?

高山方言裡「猴子的嬰兒」的意思。古時候是做來給冬天無法到外面遊玩的小孩子玩的人偶;而猴子發音同「去」,也作為去災厄意思的御守使用。現在是有著高人氣的高山代表性吉祥物。

基本形是這樣

沒有眼睛鼻子
大家說是反應心靈的鏡子

黑色頭巾

束腹&無袖和服外衣

晃來晃去~

溫暖人心
日式味道
樸實的可愛感覺十分吸引人。也感受得到手工製作的質感

絹糸手まり 2100日圓
蠶絲捲起來的手毬裡有隻猴寶寶。晃來晃去的樣子永遠也看不膩的感覺 Ⓐ

我醉了~

地酒猴寶寶 500日圓
端坐在高山代表性特產酒深山菊的小酒杯裡。有沒有微醺的感覺? Ⓑ

也有別種動物!?
動物系
也有不同動物的版本。說不定能找到你喜歡的動物呢

古怪的臉超吸引人的

兔寶寶うぼぼ 1050日圓~
備有大小各異的尺寸和商品。束腹的花色每一個都不一樣 Ⓒ

變身為兔子囉

光輝亮麗

黃金の福ぶた 530日圓~ Ⓐ
據說象徵著富貴繁榮的吉祥物小豬。以黃金色增添華麗

福カエル 530日圓~
青蛙的猴寶寶,取諧音「安全回家」祈求旅途平安。買來陪你旅行吧? Ⓐ

實現願望!?
御守系
可愛的猴寶寶要是
能幫忙實現願望就
太棒了♪

家庭運

戀愛運

飛驒

風水猴寶寶手機吊飾各420日圓
（附編織帶各480日圓）
有7種不同的顏色。可以選擇運氣成長
的顏色或喜歡的顏色 D

友情・
旅行運

讀書・
工作運

長壽・
升官運

財運

平安・
健康運

一起
玩吧～♪

猴寶寶～身為！

可愛度倍增
繪本人物系
和人氣繪本人物合作。
只在當地買得到的
更令人想要擁有

雙吉祥物
Suzy's Zoo
740日圓
受到全世界人們
喜愛的繪本中人物
和猴寶寶結交好朋友 Ⓓ

OK繃猴寶寶凱蒂貓
530日圓
頭後方貼著OK繃的
愛玩凱蒂貓，
是店的自創商品 Ⓓ

個性派!
進化系
持續進化的猴寶
寶。當地的人氣繪
本人物也加入了

ひだっち630日圓～
當地資訊雜誌的登場人
物。特徵是長手長腳和
小男孩的表情 Ⓔ

我可以
自由動作哦～

ひだっち

Ａ 泉屋
‖三町‖ いずみや
☎ 0577-34-2435 ⌂ 高山市下三之町39-3
🕐 6:00～15:00（11～3月為8:00～）
困 無休（1～2月不定休）Ｐ 無
🚃 JR高山站步行10分 MAP 別冊6D-1

Ｂ 舩坂酒造店
‖三町‖ ふなさかしゅぞうてん
☎ 0577-32-0016 ⌂ 高山市上三之町105
🕐 8:30～20:00 困 不定休 Ｐ 無
🚃 JR高山站步行10分 MAP 別冊6D-4

Ｃ うさぎ舍
‖三町‖ うさぎや
參考 MAP P.64

Ｄ 羽根や
‖三町‖ はねや
☎ 0577-32-2552 ⌂ 高山市上三之町67
🕐 8:30～17:30（12～3月為9:00～17:00）
困 無休（12、1月週四休）Ｐ 無
🚃 JR高山站步行10分 MAP 別冊6D-2

Ｅ ひだっちさるぼぼSHOP
‖高山站‖ ひだっちさるぼぼショップ
☎ 0577-35-1030 ⌂ 高山市相生町19
🕐 10:00～17:00 困 不定休 Ｐ 無
🚃 JR高山站步行10分 MAP 別冊7C-3

距離高山站很近的飛驒國分寺內，有座只要抱持心願撫摸就可以實現的猴寶寶石像「願掛けなできるぼぼ」。

棲息在自然之中的藝術心靈
在美術館重溫感性

高山市郊區有不少各種主題的美術館。
玻璃藝術和泰迪熊、美術價值極高的茶道用具等，
在豐郁的綠意裡享受藝術的時光也是樂趣之一。

受到米其林三星的肯定
世界著名的裝飾美術館

飛驒高山美術館

‖飛驒之里‖ ひだたかやまびじゅつかん

展示約250件主要是新藝術派玻璃工藝品
的各式裝飾藝術品美術館，其中尤其是19
世紀的代表性玻璃作家艾米里加利，和
Tiffany、René Lalique的作品都極值得
一賞。

☎ 0577-35-3535 ⌂ 高山市上岡本町1-124-1
🕐9:00～16:30(商店～17:00) 休無休(1月中旬～3月
中旬為不定休) ¥1300日圓 P有 JR高山站搭乘猴寶
寶巴士在飛驒高山美術館站牌下車即到 MAP 別冊4C-5

♪ 別忘了去美術館商店
走走看看喔♪

1 René Lalique作「香樹麗舍購物商店街
的噴水池」
2 René Lalique作的香水瓶「三隻燕子」
3 都是光輝亮麗的作品
4 商店裡陳列著世界各國的玻璃工藝雜貨

Emile Gallé

美術館
咖啡廳裡
小憩片刻

ザ・マッキントッシュ・
ティールーム

店內引進英國蘇格蘭的建築師C.R.麥金塔的設計，十分
具有時尚感。提供正統的歐式菜色和甜點。

欣賞完藝術之後來
個優雅的午茶時間

リトルベアカフェ

將200年歷史古民宅重建的舒
適空間裡，品嘗有益身體的
各式餐點。附設有販售泰迪
熊和其他商品的商店。

招牌巧克力聖代
リトルベア風チョコレートパフェ
800日圓

美術館之外還有很多

美術館之外，還有展示歷史相關資料的光紀念館，以及展示古文書、古美術的飛驒民族考古館等特別的美術館。

在泰迪熊環繞中度過輕鬆的時光

❶ Bear's Chapel的婚禮泰迪熊
❷ 很受歡迎的儲藏室

飛驒高山テディベアエコビレッジ

‖飛驒之里‖ ひだたかやまテディベアエコビレッジ

世界第一座以生態為主題的療癒系泰迪熊博物館，經常性展示著日本國內外作家做的泰迪熊等約1000個作品。戀愛的能量氣場"Bear's Chapel"大受歡迎！

☎ 0577-37-2525 ⌂ 高山市西之一色町3-829-4 ⏰ 10:00～18:00(冬季不定) 休 無休(1月中旬～3月中旬為週四休) ¥ 600日圓 P 有 🚌 JR高山站搭乘寶寶巴士在飛驒的里下站牌下車即到 MAP 別冊4C-5

將150年歷史的合掌式建築改建而成。改建時使用的是對人和環境傷害較小的建材

拿起來，閱讀享受繪本的世界

❶ 來自全世界的眾多繪本
❷ 坐下來全神投入繪本的世界

飛驒絵本美術館 ポレポレハウス

‖飛驒清見‖ ひだえほんびじゅつかんポレポレハウス

可以觀賞到繪本的原畫，以及全世界繪本的美術館。沙龍藝廊裡，還可以啜飲著香草茶悠閒地放鬆身心。到商店裡尋找自己喜歡的繪本也是樂趣一件。

☎ 0577-67-3347
⌂ 高山市清見町夏厩713-23 ⏰ 10:00～16:30 休 無休(12月26日～3月14日冬季休館) ¥ 700日圓 P 有 🚌 JR高山站搭乘濃飛巴士在伊西站牌下車即到 MAP 別冊3B-2

「ポレポレ」在斯瓦希里語中是「慢慢來、悠閒」的意思。可以欣賞著周邊的景色，悠閒地度過

在茶道淵源深厚之地，享用綿延不絕代代相傳的美與技

❶ 工匠技巧創作出日本唯一的結構色茶道用具「玉虫台子飾り」 ❷ 玉虫天目茶碗・天目台

茶の湯の森

‖高山站南‖ ちゃのゆのもり

飛驒高山是與宗和流茶道祖師金森宗和淵源深厚的地方。館內收藏了人間國寶做的茶碗、掛軸和屏風等約1600件，可以感受到日本文化的精髓。

☎0577-37-1070 ⌂ 高山市千島町1070 ⏰9:00～16:00(茶室為10:00～) 休 週三(逢假日則營業)、12～3月 ¥ 1000日圓(奉茶另計) P 有 🚌 JR高山站搭乘猴寶寶巴士在茶の湯の森站牌下車即到 MAP 別冊4D-3

隔壁的茶室「瑞雲庵」裡，可以享用人間國寶或著名作家作品奉上的茶

飛驒高山美術館是榮獲2007年、2009年、2011年「Michelin JAPON」（法國：米其林公司）三星觀光設施的矚目景點！

飛驒牛、新鮮蔬菜還有鄉土料理…
要住宿就找料理著稱的飯店

旅途的夜晚，最幸福的就是熱情款待及享用美味的料理。
在著名的飯店，享用飛驒著名的朴葉味噌、
河鮮、山珍等飛驒的美食。

菜色內容會因為季節和當天的食材改變。

講究優質食材的菜色
本陣平野屋 花兆庵
‖ 高山陣屋 ‖ ほんじんひらのやかちょうあん

以發自內心的真誠服務聞名的旅館。在包廂料亭內享用的晚餐，是有著飛驒牛和當令名菜的飛驒會席。別棟女性專用的「りらっくす蔵」，則提供溫泉和美容的服務。

☎ 0577-34-1234 ⌂ 高山市本町1-34
⏰ IN14:00 OUT10:00 ¥ 1泊2食22000～51000日圓 🅿 有 🚃 JR高山站步行7分(有接送巴士，需確認)
MAP 別冊6D-4

某日的菜色表
「美味求真」(右圖)
❖ 前菜(蒸鮑魚等)
❖ 珍味
❖ 當令菜
❖ 清湯(海鰻清湯)
❖ 生魚片(黑潮鮪、野生白線鮨、明蝦)
❖ 烤物(山椒烤石狗公)
❖ 熱菜(朴葉包飛驒牛肉
※ A5等級、附識別號碼)
米飯、味噌湯、甜點等

1 重質不重量的「美味求真」(圖為一例)為 +4320日圓
2 女性專用浴池 りらっくす蔵

吃得出鄉土美味的會席料理
日本の宿ひだ高山倭乃里
‖ 高山郊外 ‖ にほんのやどひだたかやまわのさと

綠意盎然的林木之中，將約170年歷史的農家豪宅遷建而成，由本館和數間別館組成的旅館。可以享用到吃得出食材原本美味的菜色。

☎ 0577-53-2321 ⌂ 高山市一之宮町1682
⏰ IN15:00 OUT11:00 ¥ 1泊2食30000～50000日圓(部分時期需加特別費用) 🅿 有 🚃 JR高山站計程車20分(提供高山站前接送，前一日前需預約)
MAP 別冊3C-3

某日的菜色表
「水無月菜單」(右圖)
❖ 里之酒肴(里河豚淋蕪白泥等)
❖ 溪流河鮮(岩魚生魚片)
❖ 山里椀(山女魚豆腐卷纖味噌湯)
❖ 山的共演(黑竹與山款冬、蘘荷的煮物)
❖ 十八番(石燒飛驒牛肉、山菜沙拉等)A5等級的飛驒牛)
另有香魚到來等8道

1 每月更換菜色的菜單裡，滿是岩魚等當令的食材(圖為一例) 2 本館的地爐

盡情享用飛驒牛
OYADO夢の屋
‖ 飛驒之里 ‖ オヤドゆめのや

可以一眼望盡北阿爾卑斯和高山市區的旅館。除了有集山菜、河魚和飛驒牛等飛驒美味於一身的料理之外，附露天浴池的大浴場和可以免費使用的包租浴池也備受好評。

☎ 0577-36-5511 ⌂ 高山市上岡本町1-319
⏰ IN15:00 OUT10:00 ¥ 1泊2食8500～9500日圓 🅿 有 🚃 JR高山站計程車5分
MAP 別冊4C-5

某日的菜色表
(右圖)
❖ 胡麻豆腐
❖ 山菜小鉢
❖ 虹鱒的甘露煮附擬燒豆腐
❖ 飛驒牛的燒肉
❖ 飛驒蕎麥
❖ 紅蕪菁漬物
❖ 季節水果

1 精選的飛驒牛味道果然不同(示意圖) 2 可以享受玫瑰浴(6～11月)的免費包租浴池人高很高

某日的菜色表

（左圖）
- 生魚片（岩魚、飛驒鮭魚等）
- 熟菜拼八寸盤（煮物、紅蕪菁醋物、棗子）
- 鹽烤河魚
- 天麩羅或炸物醋漬
- 烤飛驒牛小排
- 調味米飯、清湯
- 甜點

1 都是使用當地產蔬菜和飛驒牛做的菜色
2 晚餐在可以看到高山夜景的餐廳享用

欣賞夜景和優質的飛驒牛肉
高山パークシティホテル
‖ 城山公園 ‖ たかやまパークシティホテル

建在山坡上的高雅旅館，在夜景伴襯下享用的晚餐，主菜通常會是頂級飛驒牛排或漢堡排。菜色有飛驒牛的朴葉味噌等菜色的早餐也受好評。

☎ 0577-33-5020　⌂ 高山市神明町3-43-1
🕐 IN15:00 OUT10:00　¥ 1泊2食12000日圓～、1泊附早餐6500日圓～　Ⓟ有
🚉 JR高山站步行13分　MAP 別冊6E-4

某日的菜色表

「飛驒牛大餐」
- 壽司
- 涮鍋
- 牛排
- 烤牛肉沙拉
- 鹽烤牛舌
- 紅燒肉
- 米飯、味噌湯、泡菜
- 甜點

1 使用四季最佳食材製作的料理。可以在房間內悠閒享用　**2** 夜晚可以欣賞古都高山夜景的大浴場

整個街區一覽無遺的絕景旅館
飛驒高山 二人静白雲
‖ 城山公園 ‖ ひだたかやまふたりしずかはくうん

由展望大浴場可以看著眼前古都高山的街區和滿天繁星的夜空，並享受飛驒高山溫泉的泡湯。尤其是有個人隱私又可以享受溫泉的包租露天浴池景色更是一絕。

☎ 0577-32-7666　⌂ 高山市堀端町67
🕐 IN15:00 OUT10:00　¥ 1泊2食12000～20000日圓　Ⓟ有　🚗 JR高山站計程車5分(提供高山站接送，需預約)　MAP 別冊6E-4

某日的菜色表

「京風飛驒會席」
- 餐前酒
- 下酒菜
- 酒肴
- 小清湯
- 生魚片
- 蓋物
- 飛驒牛涮鍋
- 山藥泥蕎麥
- 焗烤牡蠣
- 蘋果凍

等共13道

1 有1道飛驒牛料理的晚餐（示意圖）　**2**「織姫」是女性專有的療癒空間（收費、預約制）

享用附飛驒牛的會席料理
宝生閣
‖ 城山公園 ‖ ほうしょうかく

由古老街區步行3分的良好地理位置旅館。晚餐可以吃到滿是飛驒牛和當令美味的豐富又擺盤精美的飛驒會席。頂樓還有附露天浴池的室房。

☎ 0577-34-0700　⌂ 高山市馬場町1-88
🕐 IN15:00 OUT10:00　¥ 1泊2食12000～34000日圓　Ⓟ有　🚉 JR高山站步行15分(高山站14:00～18:00提供接送，需預約)　MAP 別冊6E-4

第二天早上可以前往的宮川朝市、陣屋前朝市都營業到12:00左右。預約到附近的飯店，便可以享受到早上的美好時光。

如果要在高山住宿，還是以現代和風的飯店最為適合了

有著舊建築特有的風情，以及豐饒山產的鄉土料理，
放了滿滿溫泉的露天浴池等，高山的旅館魅力無限。
受到那無微不至的服務時，旅途的疲憊勢將一掃而空。

動人心弦無微不至的服務
おやど古都の夢
‖ 高山站 ‖ おやどことのゆめ

這裡最迷人！
可以享受到傳統
和現代的協調

位於高山站前極佳的地理位置，卻有著無限魅力以及療癒的日本氛圍。提供30種色彩繽紛的浴衣中挑選喜愛的和出借香氛精油等，針對女性的服務項目極為充實。

☎ 0577-32-0427
🏠 高山市花里町6-11
🕐 IN15:00 OUT10:00 P 有
🚇 JR高山站即到
MAP 別冊7B-3

專案費用
※ 平　日	1泊2食 13000日圓～
※ 假日前日	1泊2食 16000日圓～

1 極富魅力的客房
2 使用飛驒高山溫泉的舒適大浴場
3 晚餐是調理成現代風格的飛驒遺產料理

住宿裡面就是這種感覺

感受得到季節變遷的玄關

在大廳閱小憩片刻

選什麼顏色的浴衣好呢～？

借一瓶芳香精油吧

露天浴池真舒暢

創業80年富有風情的旅館
旅館 田邊
‖ 高山站 ‖ りょかんたなべ

這裡最迷人！
地爐和木材的
溫暖療癒人心

1934（昭和9）年創業的旅館，由路上看到的出格子和地爐等名為飛驒造的建築美仍然存在。使用當地生產當令食材，每月更換菜色的料理也十分可口。

專案費用
※ 平　日	1泊2食 14000日圓～
※ 假日前日	1泊2食 16000日圓～

☎ 0577-32-0529　🏠 高山市相生町58
🕐 IN15:00 OUT10:00 P 有　🚇 JR高山站步行5分　MAP 別冊7C-3

1 剛做完全面更新的大廳 2 有飛驒牛肉和新鮮日本海海鮮的料理 3 悠久歷史感覺的格子窗

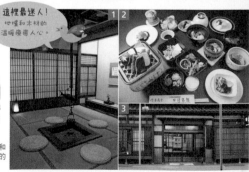

這裡最迷人！
重視睡眠 舒適度的床。

① 導入了日本風情氛圍協調的洋室 ② 位於13樓的大浴場和露天浴池的視野極佳 ③ 芳香療法和按摩放鬆身心

眺望高山街區的日式飯店
飛驒花里の湯 高山桜庵
‖高山站‖ ひだなさとのゆたかやまおうあん

像是傳統旅館的飯店，日式玄關融入古老街景。全館內鋪著榻榻米，令人放鬆，現代和復古融合的客房內更是休憩的空間。

專案費用
※ 平　　日　1泊2食 13150日圓~（含稅、服務費）
※ 假日前日　1泊2食 15150日圓~（含稅、服務費）

☎ 0577-37-2230 🏠 高山市花里町4-126 🕐 IN15:00 OUT10:00 P有 🚃 JR高山站步行5分 MAP 別冊7B-4

這裡最迷人！
每一個都可以感受到戲劇性和歷史的用具。

① 大廳每天早上提供咖啡的服務 ② 有11道菜量多味美的料理。每天更換菜色 ③ 信樂燒的露天浴池

充滿了明治、大正浪漫的旅館
お宿 山久
‖東山寺町‖ おやどやまきゅう

骨董用具裝飾在館內各處的旅館。水車浴池和露天浴池的礦物質溫泉，以及店家親自調理富有當地鄉味的「かかさま料理」都備受好評。

專案費用
※ 平　　日　1泊2食 8000日圓~
※ 假日前日　1泊2食 8500日圓~

☎ 0577-32-3756 🏠 高山市天性寺町58 🕐 IN14:30 OUT10:00 P有 🚃 JR高山站乘車5分 MAP 別冊6F-3

這裡最迷人！
抵達時可以喝到迎賓飲料。

① 在有地爐的大廳放鬆身心 ② 使用天然溫泉的石浴池 ③ 各項用品高品位擺放的客房。還有出借浴衣的服務

感受到木頭溫暖的舒適空間
花扇別邸 いいやま
‖高山站北‖ はなおうぎべっていいいやま

設有地爐的大廳和客房等到處都用到了欅木，充滿了木頭的溫暖。有著飛驒牛和河魚、山菜的料理，以及膚觸極佳的溫泉都大受好評。

專案費用
※ 平　　日　1泊2食 20500日圓~
※ 假日前日　1泊2食 22500日圓~

☎ 0577-37-1616 🏠 高山市本母町262-2 🕐 IN15:00 OUT10:00 P有 🚃 JR高山站計程車7分（14:15~17:15間有接送，需確認）MAP 別冊5B-3

這裡最迷人！
還提供送行時進行觀光說明的服務。

① 位於稍微遠離市區的寧靜地帶 ② 以飛驒牛為主菜，每季都各有特色的會席料理 ③ 匠の湯與露天浴池

品嘗每月更換菜色的會席料理與露天浴池
綠風苑 きよはる
‖高山站北‖ りょくふうえんきよはる

低調而溫暖的接待，與飛驒牛的每月更換菜色會席料理聞名的旅館。可以使用檜木打造的內湯，與使用飛驒松倉石做的露天浴池、三溫暖。

專案費用
※ 平　　日　1泊2食 13000日圓~
※ 假日前日　1泊2食 15000日圓~

☎ 0577-34-3311 🏠 高山市岡本町4-215-1 🕐 IN15:00 OUT10:00 P有 🚃 JR高山站計程車4分（有接送）MAP 別冊5B-4

鄉土料理大量使用了飛驒牛與河魚、山上採摘的山菜和菇類等食材，日本海送來的海鮮也很新鮮！

優雅而放鬆
享受旅程

有著度假村感覺的優雅空間、可以看到雄偉景色的寬闊露天浴池等，
高山的飯店充滿了吸引力。在Spa和美容、咖啡廳和酒吧等處，
享受地度過那美好的時光吧。

種類多元的浴池享受泡湯樂趣
Hide Hotel Plaza
‖ 高山站 ‖ ひだホテルプラザ

可以在露天浴池和鋪有榻榻米的日式大浴場等多
樣化的浴池，享受泡溫泉的樂趣。2010年4月
時，以「日本現代風」為概念的東館整修完成開
放使用。

☎ 0577-33-4600　🏠 高山市花岡町2-60
🕐 IN15:00 OUT11:00　P 有
🚌 JR高山站步行5分　MAP 別冊7B-2

這裡最迷人！
也有當初決定設計師
時的概念樣品房。

專案費用
※ **優雅和室**
1泊2食 18000日圓～
※ **標準雙床房**
1泊2食 12000日圓～

1 不分世代都能放鬆休憩的
優雅和室
2 位在喜多郎9樓的氣泡浴
池視野極佳
3 開放又明亮的大廳

天然溫泉和正統Spa放鬆身心
HOTEL ASSOCIA 高山 RESORT
‖ 高山站南 ‖ ホテルアソシアたかやまリゾート

歐洲風格的高雅度假店。除了可以享用到天然
溫泉和道地的料理之外，全部客房都看得到北阿
爾卑斯更深層魅力。附設的Spa博得女性好評。

☎ 0577-36-0001　🏠 高山市越後町1134
🕐 IN15:00 OUT12:00　P 有
🚗 JR高山站計程車8分(有免費接送巴士)
MAP 別冊4D-4

這裡最迷人！
配合季節和目的的
住宿專案十分充實。

專案費用
※ 1泊2食 14700日圓～
※ **附Spa美容住宿專案**
1泊2食、美容120分
32000日圓～※均含入湯稅

1 5樓和7樓的展望大露天
浴池，北阿爾卑斯的風景盡
收眼底 **2** 森林裡的Spa設
施 **3** 晚餐可以自選日本料
理或自助餐

日本庭園和伴手禮店都是景點
高山グリーンホテル
‖ 高山站 ‖ たかやまグリーンホテル

看得到迴遊式庭園的咖啡廳、設有飛驒各式用具
的客房等，是棟有著日式旅館特色的度假飯店。
位於和風本館高樓層的「天領閣別邸」，優質的
服務魅力十足。

☎ 0577-33-5500　🏠 高山市西之一色町
2-180 🕐 IN15:00 OUT10:00　P 有
🚌 JR高山站步行8分(有接送，需確認)
MAP 別冊4C-4

這裡最迷人！
飛驒物產館裡也設有
足湯（免費）和按摩。

專案費用
※ 1泊2食 10000日圓～
※ **天領閣專案**
1泊2食 13000日圓～

1 高山伴手禮商店街「飛驒
物產館」 **2** 全部檜木打造
的桶狀氣泡浴池可以放鬆休
憩 **3** 感受得到四季的庭園
極美

尋求慢活，
前往白川鄉、五箇山

高山周邊的區域裡，
古老美好的日本原風景依舊。
人稱合掌造的茅草屋頂的民宅家家相連，
現在仍有人們居住的白川鄉和五箇山區域。
只要一腳踏進這已登錄為世界遺產的地方，
就像是進入了夢幻的國度般，在非日常的氛圍包覆下，
心靈就像是獲得了解放一般。

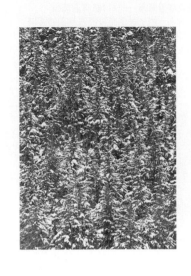

下的又多又厚的白雪，山村的長冬。

一片銀色世界的這塊土地上，

有著古來一直未曾改變的東西……。

那就是，讓大家忘卻嚴寒

心靈的溫馨和溫暖的生活。

大略地介紹一下白川鄉、五箇山
合掌造就是，這樣的建築

將日本的原風景留傳到現在的合掌造聚落 — 白川鄉與五箇山。
傳承下來的文化與人們的生活合為一體，是個充滿懷古氛圍的區域。
這裡將介紹建築特色、四季景點、以及合掌造建築的基礎知識。

白川鄉、五箇山是怎樣的地方？

現在仍有當地人生活其中

1 現在仍有人營生的合掌造建築大集合

白川鄉位於岐阜縣大野郡白川村，是日本著名的豪雪地帶。而由白川鄉向北，位於山區的寧靜區域，是富山縣的五箇山。這二個山村自古被稱為秘境，孕育了獨特的風俗和文化。有著大大三角形外觀的合掌造建築內，現在仍有著一如從前的簡樸生活，開放參觀的民宅也多。

何妨在使用合掌民宅的民宿和用餐處、伴手禮店等地，度過富有山村風情的時間。

合掌造民宅裡一定會有的地爐

2 世界遺產之一

「白川鄉、五箇山合掌造聚落」在1995（平成7）年時，登錄為聯合國教科文組織的世界遺產。白川鄉的荻町有114棟，而五箇山的菅沼和相倉則有32棟的合掌造建築，由田園到周圍的山林都保留著古老的風景這一點，獲得了極高評價。現在每年約有來自日本國內外的250萬名觀光客到訪。

位置在哪裡？交通方式呢？

白川鄉位於高山西北方約50公里處的岐阜縣白川村內；五箇山則位於由白川村走國道156號的北方約20公里處，是總稱富山縣南砺市的菅沼合掌造聚落和相倉合掌造聚落等的區域。

CHECK! 利用東海北陸自動車道白川鄉IC時，最好依季節來區分使用。

行駛高速公路前往白川鄉時，由高山方向出發的話約可以節省一半的時間。但由名古屋方向前來時，觀光旺季時白川鄉IC一定會塞車，因此在莊川IC下高速公路再沿一般道路前往也是另一條途徑。

3 陶特的《日本美的再發現》裡介紹

德國的建築學家布魯諾陶特，在1935（昭和10）年時，曾因為調查位於御母衣的遠山家而到村裡來。看到合掌造建築後，給予「極為合邏輯而合理，是日本珍貴的平民建築」的高評價。他讚美的，據說只有京都的桂離宮和白川村的合掌造建築。而且在他的著作《日本美的再發現》裡將白川鄉介紹給全世界。

冬天的打光不可錯過！

合掌造聚落冬天的風情畫就是打光了。由於是在限定日期進行，又可能會有交通管制，因此應事先在觀光協會的網站上查好資料後再出發。

合掌造是怎樣的建築？

合掌造是有著切妻造形式茅草屋頂的多層結構，在白川鄉和五箇山可以見到的古老建築樣式。由於屋頂的外觀像是雙掌合起的樣子，因而有了「合掌造」的名稱。為了因應豪雪地帶的環境，做了屋頂坡度極陡以讓雪滑落的結構。屋頂結構裡完全沒有用到鐵釘也是特徵之一。

解讀歷史

合掌造的起源為江戶時代的中期。最早是用來作為當時盛極一時的家庭產業養蠶的作業場，因此做了些特別的設計，以加強通風並讓自然光得以射入，又加了些改良後成為現在的形式。此外，從前在地板下方也進行過煙硝（火藥原料）的生產。

※以下為白川鄉合掌造的說明，和五箇山並不相同。

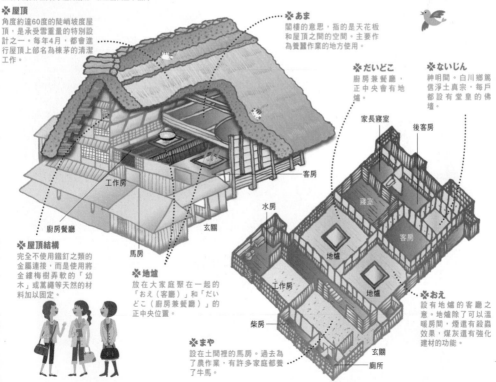

※屋頂
角度約達60度的陡峭坡度屋頂，是承受雪重量的特別設計之一。每年4月，都會進行屋頂上部名為棟茅的清潔工作。

※あま
閣樓的意思，指的是天花板和屋頂之間的空間。主要作為養蠶作業的地方使用。

※だいどこ
廚房兼餐廳，正中央會有地爐。

※ないじん
神明間。白川鄉信奉淨土真宗，每戶都設有堂皇的佛壇。

工作房
廚房餐廳
馬房
玄關
客房
水房
家長寢室
後客房
寢室
客房
地爐
工作房
柴房
玄關
廁所

※屋頂結構
完全不使用鐵釘之類的金屬連接，而是使用將金縷梅樹弄軟的「幼木」或蒿繩等天然的材料加以固定。

※地爐
放在大家庭聚在一起的「おえ（客廳）」和「だいどこ（廚房兼餐廳）」的正中央位置。

※まや
設在土間裡的馬房。過去為了農作業，有許多家庭都養了牛馬。

※おえ
設有地爐的客廳之意。地爐除了可以溫暖房間，煙還有殺蟲效果，煤灰還有強化建材的功能。

現在還有人實際在合掌造聚落裡生活，請注意在參觀時不要進入一般民宅的範圍內。

白川鄉、五箇山／大略地介紹一下白川鄉、五箇山

像是傳說中的主角
時光倒流回前人的生活

在豐富大自然環繞下的世界遺產之村白川鄉。
圍著地爐度過的緩慢時間，接觸養蠶、農耕等營生方式的道具，
切身去感受合掌造民宅的生活。

300年悠久的歷史
最大規模的合掌住宅

和田家

‖荻町‖わだけ

代代擔任村長或番所官員的著名家族
「和田家」。建築物據說建於江戶中
期，特徵是規格很高的建築樣式。現在
開放的是仍然有人居住生活的局部建築
物，白川鄉最大規模的住宅，也被指定
為日本國家級的重要文化財。

☎ 05769-6-1058 ⌂ 白川村荻町997
🕘 9:00～17:00 ㊡ 不定休 ¥ 300日圓 Ｐ 無
📍 JR高山站搭乘濃飛巴士白川鄉站牌下車步
行10分 MAP 別冊12C-3

由北側看到的和田
家。現在也有和田
家的後代在生活
著。

♪♫ 看看當時的生活形態

請務必近距離觀察
沒有使用釘子的工法。

各代祖先使用的餐具和養蠶的
用具也都有著濃濃的歷史感。

民宅的周圍盡是
一如從前的寧靜風光。

前往合掌聚落盡收眼底的荻町城跡

由稍微遠離聚落的小高地上的荻町城跡展望台，可以將合掌造建築所在的風景盡收眼底。在聚落散步之後，到高處一覽四季不同風貌的美景也是快事一件。

1 淨土真宗的古刹，有著承襲了天台宗流派的茅草屋頂雙層的鐘樓門和入母屋造的本堂 **2** 五層的合掌造明善寺庫裡，在荻町合掌造建築當中格外顯眼

（照片提供／白川村產業課商工觀光係）

造形極美的大型合掌造佛寺
明善寺鄉土館
‖ 荻町 ‖ みょうぜんじきょうどかん

約在230年前興建的合掌造佛寺。1樓展示地爐、2樓則展示農具和生活用具，可以看到從前的生活形態。2樓窗戶看出的聚落風景也很美。

☎ 05769-6-1009 ⚐ 白川村荻町679 ⏰ 8:30～17:00（12～3月為9:00～16:00）㊡ 不定休 ¥ 300日圓 Ⓟ 無 ♨ JR高山站搭乘濃飛巴士白川鄉站牌下車步行10分 🗺 別冊12C-4

1 名為「おえ」的1樓客廳。奶奶（第4代妻）穿解下的服已成為神田家著名的布簾裝飾畫中 **2** 主屋周圍合掌造唐臼小屋和稻架倉也不容錯過

沉浸在很有味道的合掌造民藝館
神田家
‖ 荻町 ‖ かんだけ

江戶時代後期花費10年歲月興建的合掌造建築。文政間由和田家分家出來，開始製造焰硝（火藥）和養蠶便是神田家的肇始。有提供手工野草茶的服務。

☎ 05769-6-1072 ⚐ 白川村荻町796 ⏰ 9:00～17:00 ㊡ 不定休（12～2月為週三）¥ 300日圓 Ⓟ 有 ♨ JR高山站搭乘濃飛巴士白川鄉站牌下車步行10分 🗺 別冊12C-4

到明治中期之前，是幾十個人的大家庭生活空間。由堅固的柱子和橫樑，可以感受到豪雪地帶人們的智慧和心思。館內展示有農耕具和狩獵用具等的資料

傳達大家庭生活的代表性民宅
旧遠山家民俗館
‖ 御母衣 ‖ きゅうとおやまけみんぞくかん

建於1827（文政10）年，具有白川鄉合掌造代表性結構特色的建築，同時被日本政府指定為重要文化財。寬度有11間半（約21公尺），縱深6間半（約12公尺）的大型建築。

☎ 05769-5-2062 ⚐ 白川村御母衣125 ⏰ 10:00～16:00 ㊡ 週三（逢假日則前日休）¥ 300日圓 Ⓟ 有 ♨ 白川站站牌搭乘濃飛巴士牧站牌下車步行10分 🗺 別冊3A-2

荻町裡的溫泉「白川鄉之湯」。純入浴（700日圓）可在7:00～21:00間利用。春天到初冬時的足湯備受好評！

製作蕎麥麵和稻稈編織⋯滿滿的溫暖感受
小小體驗合掌造的生活

白川鄉合掌造聚落，在1995（平成7）年時登錄為聯合國教科文組織的世界文化遺產。
看著茅草屋頂的合掌造，對當時的生活產生了興趣。
就在「野外博物館 合掌造民家園」裡，接觸一下白川鄉的生活吧。

可以體驗到這種形態的生活

春、夏、秋（4月初～10月底），需預約

當地人會指導要怎麼做。
穿著好作業的衣服參加吧

一隻1小時半500
日圓，二隻2小時
半700日圓

所需時間為2小時，
1人1800日圓、2人一組2800日圓

完成約2人份的麵。
吃來也別有一番滋味

稻稈編織
挑戰製作樸素的稻稈草鞋！
使用稻稈編出單隻的草鞋。日文用法「足
半」是指半隻草鞋的意思，因為小的草鞋比
較好做，因此做出腳一半大小的草鞋就稱為
足半。

製作蕎麥麵
自己打出來的麵味道就是不一樣！
體驗將蕎麥粉打成麵糰，從撖薄到折疊到切的全部流
程。做好的蕎麥麵可以現煮來食用。情侶一起做時可
以輪流下去做。

夏天的點心吃這個！
濁酒風味的罕見冰淇淋

使用源自於天下御
祭「濁酒祭」濁酒
製造的冰淇淋。有
著些許甜味的濁酒
風味，連不太喝酒
的人都覺得美味。

4月中旬～10月底之間，
1個200日圓

冬天的點心吃這個！
手工紅豆湯麻糬暖乎乎

由媽媽們熬出的
紅豆湯麻糬，加
的是手工做的七
葉樹子或艾草麻
糬。佐以蕎麥茶
慢慢享用。

11月上旬～4月中心販賣，
一碗200日圓

野外博物館
合掌造民家園
やがいはくぶつかん
がっしょうづくりみんかえん

☎ 05769-6-1231
⌂ 白川村荻町2499
🕐 8:40～16:40
（有季節性變動）
🈺 無休（12～3月為週四
休，逢假日前日休）
💴 入園費500日圓　🅿 有
📍 JR高山站前搭乘濃飛巴士
白川鄉站牌下車即到
MAP 別冊12B-4

還可以學習到這些！

開放參觀的民宅裡，還展示了農耕具和織布機、養蠶工具等，可以更有臨場感去感受到過往的生活。

東しな家
（縣重要文化財）
加須良聚落移來的中型住宅，裡面展示著織布機。

可以看到四季風情各異的美麗風景

山野草
可以觀察到觀音蓮、驢蹄草、猩猩袴等四季各異的山野草。

合掌造初期的建築是觀賞重點
山下陽朗家
（縣重要文化財）
島聚落移築而來，是建造於18世紀中葉的合掌造初期的建築。可以看到寢室邊緣的古老帳台架構。

中野義盛家的屋頂下方，是建成這個樣子的

近距離觀察合掌造住宅的屋頂下方
由地爐飄上來的煙會讓屋頂下方變色這點大家都知道。煙還有防蟲效果，而且據說煤灰還可以讓繩結更為堅固。

有地爐的休憩處在此
中野長治郎家
（縣重要文化財）
中野義盛家的分家，這棟也是由加須良聚落移築而來。特徵是下層屋頂的薄木板鋪法，內部展示農耕器具。

要注意粗而堅固的橫樑
中野義盛家（縣重要文化財）
加須良聚落移築而來。架在房間中央的大樑（ウシノキ），在園內的民宅中也屬於特別粗大而堅固的結構。也有養蠶工具的展示。

「中野良治郎家」裡，提供免費的蕎麥茶服務，可以悠閒地休憩

My co-Trip／小小體驗合掌造的生活

全部25棟的合掌造建築裡，9棟被指定為縣重要文化財。水車小屋和神社等也都照原樣移築過來。

質樸而溫和的大自然產物
大啖山村料理

白川鄉有著許多採自河川和山裡的自然美味。
河魚、飛驒牛、朴葉味噌燒、山菜、手打蕎麥麵…。
來享用質樸，卻有著真心誠意的鄉土料理吧。

1 ます園定食（2310日圓）。甘露煮是使用茶葉以慢火燉煮6小時完成的珍饈
2 合掌民宅的店

1 使用A5等級飛驒牛的朴葉燒定食（2100日圓）
2 也有蕨餅（400日圓）等，可以當咖啡廳使用

1 熊鍋使用特製味噌製成，以獨特的鮮味聞名
2 移築古老合掌造民宅而成的店。白川鄉名產一應俱全

使用自製的食材
新鮮河魚料理的專門店

ます園文助

‖荻町‖ますえんぶんすけ

專門提供岩魚和虹鱒等河魚料理的餐廳。設有引進良質湧泉的魚箱，可以吃到極為新鮮的魚。使用河魚做的生魚片和甘露煮都值得一嘗。

☎05769-6-1268 ⌂白川鄉荻町1915
🕐9:00～20:00 ㊡不定休 🅿有
📍JR高山站搭乘濃飛巴士荻町站牌下車步行7分 MAP別冊12C-3

享用樸實的當地美食
咖啡廳&餐廳

しらおぎ

‖荻町‖

備有各種鄉土料理的餐廳。使用河魚和山菜等白川村的食材，尤其以在乾淨溪流中成長的岩魚料理更是多元。岩魚定食（1700日圓）、招牌定食（2800日圓）等。

☎05769-6-1106 ⌂白川村荻町155
🕐10:00～16:00（12～3月為11:00～15:45）㊡不定休 🅿無 📍JR高山站搭乘濃飛巴士白川鄉站牌下車步行5分 MAP別冊12C-4

白川鄉的鄉土料理
到罕見的熊鍋料理

白水園

‖荻町‖はくすいえん

在深具風情的店內可以享用鄉土料理。菜色有自製紅蕪菁的漬物、虹鱒的甘露煮、使用熊肉做的おやじ和膳（2100日圓），以及人氣菜色飛驒牛石燒和膳（2850日圓）等。

☎05769-6-1200 ⌂白川村荻町354
🕐11:00～15:00 ㊡不定休 🅿有
📍JR高山站搭乘濃飛巴士白川鄉站牌下車步行5分 MAP別冊12C-3

朴葉味噌的朴樹葉

大量自生於飛驒地方山裡的朴樹。由於樹葉的大小正好可以用來取代餐盤，又具有殺菌作用，以及葉子的香氣會轉移，於是使用來盛裝食材了。

1 一大早就開始製作高湯的中華拉麵 **2** 除了多樣的民藝品之外，還有加了大納言紅豆的餡咖啡（450日圓）等奇特的menu

1 極為講究，每天只打出足夠當天使用的蕎麥，以提供最新鮮的麵。大碗加200日圓 **2** 店內只有櫃台座20座

1 使用香氣撲鼻朴葉味噌烤燒的菜色極美味 **2** 合掌造的店內有60坪大，寬闊宜人

可以吃到懷舊風味的
中華拉麵及和風甘味

白楽

‖荻町‖はくらく

可以在熱鬧伴手禮店內後方吃到的中華拉麵（630日圓），是以雞骨湯底加上醬油調味完成的鮮美高湯。蕨餅（400日圓）和涼粉咖啡（450日圓）也頗受好評。

☎ 05769-6-1070 ⌂ 白川村荻町25-1
🕐 9:00～17:00 🈺 不定休 🅿 有
📍 JR高山站搭乘濃飛巴士白川鄉站牌下車步行10分 MAP 別冊12B-4

使用當地產蕎麥粉
以滑順口感和風味聞名

手打ちそば処 乃むら

‖荻町‖てうちそばどころのむら

使用當地產的蕎麥粉，以白山山系的清水打出正統手打蕎麥麵的店。以涼麵（800日圓）和附了舞茸飯的套餐（1000日圓）最受歡迎。是當地人也愛前往用餐的餐廳。

☎ 05769-6-1508 ⌂ 白川村荻町779
🕐 11:00～16:00（蕎麥用完即打烊）
🈺 不定休 🅿 有 📍 JR高山站搭乘濃飛巴士白川鄉站牌下車步行5分 MAP 別冊12C-4

在250年前打造的合掌造建築內
享用人氣鄉土料理

基太の庄

‖荻町‖きたのしょう

建築歷史有250年的合掌造餐廳。可以好好享用人氣菜色飛驒牛味噌牛排定食（2200日圓）等白川的美味。提供用餐時間和觀光時間中的停車服務，也有販賣部。

☎ 05769-6-1506 ⌂ 白川村荻町2671-1
🕐 11:00～15:00（需確認）🈺 不定休（12月中旬～1月中旬冬季停業）🅿 有 📍 JR高山站搭乘濃飛巴士白川鄉站牌下車步行10分 MAP 別冊12B-4

「どぶろく」指的是未經過濾酒粕的濁酒。白川鄉的どぶろく祭在每年的10月14日～19日之間舉行。

濁酒羊羹
（1條420日圓、 小條6條入840
日圓）

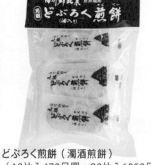

どぶろく煎餅（濁酒煎餅）
（16片入470日圓、36片入1050日
圓）

濁酒風味的糕點和大吟釀酒受歡迎
恵びす屋 ‖荻町‖えびすや
合掌造聚落內的伴手禮店。以當地特有的
濁酒風味煎餅和自製大吟釀酒聞名。

☎ 05769-6-1250 ⏱ 白川村荻町89-2
🕐 8:30～17:00(有季節性變動)
㊡不定休 Ｐ無 🚉JR高山站搭乘濃飛巴士白
川鄉站牌下車步行5分 MAP 別冊12C-4

Ａ 白川鄉奇祭「どぶろく祭」中著名濁酒風味
的羊羹。有著微甜的清爽口味
Ｂ 和「どぶろく羊羹」
一樣有人氣的濁酒風味
煎餅，有著膨鬆輕巧的
口感

ずんべ（稻桿長靴、990日圓）

在山村找到的
療癒而溫暖
人心的點心&
伴手禮

有許多使用濁酒的羊羹和煎餅、當
地老先生老太太手製的小物品等很
有味道的商品。看來可以作為美好
旅程的回憶。

格紋卡片匣
（1個1365日圓～）

許多適合作為伴手禮的民藝小物
こびき屋 ‖荻町‖こびきや
陳列有民藝品和糕點等樸實的伴手
禮，以及做古的各種實用品。荻町合
掌集落巴士站牌前，另有豆菓子和漬
物的專門店こびき屋柿乃木店。

☎ 05769-6-1261 ⏱ 白川村荻町286
🕐 9:00～17:00(有季節性變動) ㊡不定
休 Ｐ有 🚉JR高山站搭乘濃飛巴士白川鄉
站牌下車步行15分 MAP 別冊12C-3

Ｃ 用稻桿編成的雪靴。裡面還附有除臭效
果良好的備長炭，
很適合當做居家擺
飾。Ｅ 當地的老奶
奶做的布草鞋配色
很美。

Ｅ

布ぞうり（布草鞋，1320日圓～）

買美麗的五箇山和紙作為伴手禮
五箇山和紙の里 ‖五箇山‖ごかやまわしのさと
附設在公路休息站「たいら」內的設施。
除了有介紹五箇山和紙的歷史和和紙產品
的展示館之外，還販售用和紙做的小物，
以及可以體驗撈和紙。

☎ 0763-66-2223 ⏱ 富山縣南砺市東中江
215 🕐 8:30～17:00 ㊡無休 💰體驗500日
圓。 Ｐ有 🚗東海北陸自動車道五箇山IC車
行20分 MAP P.91

Ｄ 有著手撈紙溫暖感覺
的五箇山和紙。運用其
柔順風格做的和紙小物
很受女性喜愛

右起蘋果蛋糕、南瓜蒸糕、柑橘醬
蒸糕
（各100日圓）

陳列著新鮮的蔬菜和健康的糕點
元気な野菜館
‖荻町‖げんきなやさいかん

販售白川村生產的新鮮蔬菜和漬物、山菜
等。蒸糕以Q黏口感和順口的味道聞名。

☎ 05769-6-1377　⌂ 白川村荻町2483
🕐 11:00～17:00（白川鄉打光期間會延長）
休 不定休　P 有　🚌 JR高山站搭乘濃飛巴士白川
鄉站牌下車即到　MAP 別冊12B-4

F 蛋糕和蒸糕全部由白
川鄉的媽媽們手工製成
（材料因季節變更）

五箇山豆腐的製造販售店
喜平商店
‖五箇山‖きへいしょうてん

豆腐店，販售據說從前是以稻稈綁住、偏
硬而味道濃郁的五箇山豆腐。以富山產黃
豆做的豆漿冰淇淋人氣極高。也有油豆腐
和煙薰豆腐。

☎ 0763-66-2234　⌂ 富山縣南砺市上梨608
🕐 7:00～20:00　休 不定休　P 有
🚗 東海北陸自動車道五箇山IC車行10分
MAP P.91

G 運用豆漿樸素味道做
成的冰淇淋，既不過甜
又有清爽的後味。可作
為緊湊散步途中的點心
時間

G

豆乳アイス（豆漿冰淇淋，250日圓）

草木染めハンカチ（草木染手帕）
（左900日圓、右1000日圓）

H

陳列了眾多當地人們做的溫馨作品
じ・ば工房
‖飯島‖じばこうぼう

當地老先生老太太們做的民藝品齊集一堂的
店。有著草木染手帕和草鞋、籠子等多元的
商品。

☎ 05769-6-1330　⌂ 白川村飯島6
🕐 9:00～17:00　休 週一　🧵 稻稈草鞋製作體驗
1700日圓～（需預約）　P 有　🚌 JR高山站搭乘濃
飛巴士白川鄉站牌下車計程車5分
MAP 別冊12B-2

H 工房內做出來的草木染
手帕，自然的色澤非常好
看。左為用臭梧桐、右為
芒草染成

「どぶろく」
是什麼樣的酒？

用米釀造的樸素「どぶろ
く」，是一種只在限定地
方生產的珍貴酒種。白川
鄉區域內只有部分神社允
許釀製「どぶろく」，在
10月的「どぶろく祭」中
分發飲用。

（照片提供／白川村產業課商
工觀光係）

在世界遺產之里
五箇山一整天的慢活

五箇山和白川鄉同時登錄為世界遺產。
相倉和菅沼等二個地區有合掌造聚落，
現在依然有人在此過著一如從前的生活。

整個繞上一圈
車 4 小時

建議出遊Time
11:00-15:00

由相倉合掌造聚落出發，遊逛國道159號旁各處景點的行程。邊逛邊悠閒地享受散步的樂趣吧。

1 深陷雪中，只有單一色調的相倉合掌造聚落
2 相倉合掌造聚落裡，現在部分民家還有人居住
3 古老懷舊的地爐

小・小・旅・程・提・案

1 **相倉合掌造聚落**
　車程9分
2 **村上家**
　車程6分
3 **五箇山民俗館**
　步行即到
4 **菅沼合掌造聚落**

1 相倉合掌造聚落
あいのくらがっしょうづくりしゅうらく

有著寧靜悠然風光的聚落

位於山區，寧靜而不突兀的合掌造聚落。聚落裡有著23棟超過100年以前建造的合掌造民宅，現作為資料館和民宿、咖啡館、伴手禮店等使用。

☎ 0763-66-2468（五箇山綜合服務處）🏠 富山縣南砺市相倉 P 有 🚗 東海北陸自動車道五箇山IC車行15分 MAP P.91

五箇山地區在冬季時大雪封路，過去有著陸地上孤島之稱。合掌造的屋頂之所以呈現三角形，就是為了讓雪容易掉落地面

2 村上家
むらかみけ

有著400年歷史的高雅民宅

屬於江戶中期的建築，將當時的樣式直接保留至今的4層建築合掌造民宅。展示有五箇山的民俗資料約1000件。

☎ 0763-66-2711 🏠 富山縣南砺市上梨725 ⏰ 8:30～16:40（12～3月為9:00～14:40）🈺 週三（逢假日則開館）💴 300日圓 P 有 🚗 東海北陸自動車道五箇山IC車行10分 MAP P.91

完全沒有使用鐵釘等的金屬類，也是日本國家級的重要文化財

五箇山MAP

周邊MAP 別冊2

民謠「小切子」裡
必須用到的樂器
「（sasara）」

用和紙做的可愛
「白玉姬」最適
合作為伴手禮

4 菅沼合掌造聚落

すがぬまがっしょうづくりしゅうらく

現存9間合掌造民宅

位於庄川河畔的菅沼合掌造聚落規模
雖小，但卻是個擁有櫻花、紅葉、雪
景等四季美麗大自然、有著不同風情
的聚落。內有介紹五箇山代表性產業
"鹽硝"的罕見資料館。

打上燈光的合掌造聚落如夢似幻

☎ 0763-66-2468(五箇山綜合服務
處) 🏠 富山縣南砺市菅沼 Ⓟ 有
🚗 東海北陸自動車道五箇山IC車行
3分 MAP P.91

也展示著過往渡河時使用的工具

午餐在此享用

名產岩魚的握壽司

五箇山 旬菜工房 いわな

ごかやましゅんさいこうぼういわな

公路休息站「上平ささら館」
內的餐廳。將清流中捕獲的岩
魚從魚箱中撈出，在客人眼前
處理。也可以吃到鹽烤和生魚
片。

☎ 0763-67-3267
🏠 富山縣南砺市西赤尾町72-1
🕐 11:00～20:00 週二（逢假日
則營業）Ⓟ 有
🚗 東海北陸自動車道五箇山IC車
行 MAP P.91

使用岩魚和紅蕪菁做的罕見握
壽司

3 五箇山民俗館

ごかやまみんぞくかん

參觀合掌造的建築內部

以設有地爐的房間為中心，另有神明間、廚房、馬房
等，並展示了約200件的生活用具。由於樑和柱都是外
露的，可以充分了解內部的結構。附近另有鹽硝館。

☎ 0763-67-3652 🏠 富山縣南砺市菅沼
436 🕐 9:00～16:30（12～3月～16:00）
無休 ¥210日圓 🚗 東海北陸自
動車道五箇山IC車行3分 MAP P.91

這裡也來遊遊吧

學習五箇山的產業

相倉傳統產業館

あいくらみんぞくかん

可以學習到江戶時代
的煙硝製作、養蠶和
濾紙等家內產業的模
樣。可以和附近的相
倉民俗館一起參觀。

也展示了黑色火藥原料的鹽硝

☎ 0763-66-2080 🏠 富山縣南砺市相倉204-2
🕐 8:30～17:00 無休 ¥200日圓 Ⓟ 無 🚗 東海
北陸自動車道五箇山IC車行15分 MAP P.91

高規格的合掌造最大舊家

岩瀨家

いわせけ

約在300年前興建的
合掌造民宅，原來的
功能是加賀藩鹽硝精
製和上納。內有書院
造的座敷等，風格高
雅。

內部還留有煮鹽硝的大
鍋

☎ 0763-67-3338 🏠 富山縣南砺市西赤尾町857-1
🕐 8:00～17:00 無休 ¥300日圓 Ⓟ 有 🚗 東海
北陸自動車道五箇山IC車行3分 MAP P.91

相倉民俗館裡，介紹了合掌造的結構和過去的生活用具等（☎ 0763-66-2732）

早餐晚餐都享用鄉村餐食
住宿在合掌造民宅

白川鄉、五箇山裡有不少使用合掌造民宅開設的民宿。
早餐和晚餐盡情享受山村美味，沉浸在田園氛圍…。與民宿主人和老闆娘的
對談也是懂日文人的樂趣之一。質樸的人品必定讓旅人放鬆療癒。

① 飛驒牛搭配新鮮河魚、當令山菜的鄉土料理
② 感受到紮實風格的外觀 ③ 設有地爐的客廳

讓人感受到歷史風情的寧靜民宿
合掌乃宿 孫右ㄜ門
‖白川鄉‖ がっしょうのやどまごえもん

超過270年的歷史，是白川鄉裡擁有悠久歷史的
合掌造民宅之一。受到地爐的煙長年影響下散
發黑色光芒的橫樑等令人感受到了風格。老闆
娘精心製作的鄉土料理備受好評。

☎05769-6-1167 ⌂白川村荻町360 ⌚IN15:00 OUT
9:30 ¥1泊2食9800日圓～（10～3月為1500日圓～）
🅿有 ♟JR高山站搭乘濃飛巴士白川鄉站牌下車步行10
分 MAP 別冊12B-4

好好品嘗
早餐

大量擺上了茄子和金
針菇、青蔥的朴葉味
噌為主菜，附上當季
蔬菜的煮物和雞蛋

述說聚落生活的民宅主人話語也很有趣
合掌民宿わだや
‖白川鄉‖ がっしょうみんしゅくわだや

稍微遠離合掌聚落，建在高地上的傳承4代舊
家。建於明治末期的房屋一共可以容納15人，
家庭氛圍濃厚。和換屋頂茅草名人的民宿主人
對話也很愉快。

☎05769-6-1561 ⌂白川村荻町1979 ⌚IN15:00
OUT9:00 ¥1泊2食9000日圓（含稅、服務費）～（10～4月加
收暖氣費400日圓）🅿有 ♟JR高山站搭乘濃飛巴士白川鄉站
牌下車步行30分（有接送但敬事先聯絡）MAP 別冊12C-3

① 料理的主菜是飛驒牛的陶板燒和鹽烤岩魚
②③ 感覺得到山村寧靜的合掌民宅裡有5間客房

好好品嘗
早餐

選用自己生產的米和蔬
菜、山上採來的山菜烹
煮的早餐，菜色眾多份
量十足

圍著地爐享用晚餐
与茂四郎
‖五箇山‖ よもしろう

位於相倉合掌造聚落中段部分的民宿，建築物
具有超過200年的歷史。地爐周圍擺放菜色享用
的晚餐，有山菜和蔬菜的天麩羅、五箇山豆腐
等都是當地的美味。

☎0763-66-2377 ⌂富山県南砺市相倉395
⌚IN15:00 OUT10:00 ¥1泊2食8800日圓（含稅、服
務費）、（冬季加收暖氣費400日圓）🅿有 🚗東海北陸自
動車道五箇山IC車行15分 MAP P.91

① 以地爐炭火烤出的河魚既香又美味 ② 鹽烤岩魚和山菜的
天麩羅道道美味 ③ 紮實厚重的合掌造建築

好好品嘗
早餐

聚天時餐桌上的蔬菜都
是滿滿一大桌下足的採收
的；選用新鮮當令食材
的料理令人驚豔。

在白川鄉發現溫泉！
位於荻町合掌聚落北方的「白川鄉の湯（☎05769-6-0026 **MAP** 別
冊12C-3）」，除了擁有可以俯瞰庄川的露天浴池和三溫暖之
外，也設有餐廳、伴手禮店和住宿設施。溫泉可以只泡湯不住
宿，所以來泡泡湯恢復疲勞吧。

1 設有地爐的餐廳 **2** 創意十足的鄉土料理備受好評 **3** 在地板暖房十分溫暖的房中放鬆休息

以充實的設備和親切的服務聞名

幸ヱ門
‖白川鄉‖こえもん

直接活用了江戶末期合掌造民宅的風情，將館
內重新整修的民宿。所有客房都設有地板暖房
系統，因此冬天也很溫暖。此外，居家的氣圍
更讓旅人放心。

☎05769-6-1446 ⌂白川村荻町456
⏰IN15:00 OUT9:00 ¥1泊2食8600日圓～（冬季需另
加收暖氣費）Ｐ有🚏JR高山站搭乘濃飛巴士白川鄉站牌
下車步行5分 **MAP** 別冊12B-4

好好品嘗
早餐

在餐廳享用的早餐，以
加了茄子和青蔥、調味
適度後放於入口的朴葉味
噌最受歡迎

1 濃縮了師傅技術的館內，隔著走廊有4間房間
2 3 外觀和房間到處都感受得到400年的悠久歷史

白川鄉最古老的合掌造民宿就是這家

利兵衛
‖白川鄉‖りへえ

建於400多年以前的合掌造建築，特色是古老形
式的「妻入式」而不是平入式。老闆娘負責經
營的家庭式民宿，晚餐菜色都是媽媽的好味
道。

☎05769-6-1552 ⌂白川村荻町103
⏰IN14:00 OUT9:30 ¥1泊2食8000日圓～（10～4月
加收暖氣費400日圓）Ｐ有🚏JR高山站搭乘濃飛巴士白
川鄉站牌下車步行5分 **MAP** 別冊12B-4

好好品嘗
早餐

老闆娘學自母親的秘傳
朴葉味噌，加了核桃的
醬讓美味可以多吃幾碗
飯

1 大自然的圍繞下，有著四季各異的美麗景觀
2 岩石打造的浴池 **3** 晚餐的菜色飛驒牛壽喜燒

享受肌膚光滑感觸的天然溫泉

白山莊
‖平瀨溫泉‖はくさんそう

位於平瀨溫泉內的合掌造民宿。洗後肌膚光滑
的天然溫泉，可以在岩石浴池或檜木浴池暢快
泡湯。自家栽培的蔬菜和自製味噌做成的鄉土
料理十分美味。

☎05769-5-2114 ⌂白川村平瀨87 ⏰IN15:00 OUT9:30
（12～3月為10:00）¥1泊2食8300日圓～（另需繳入湯稅
150日圓、10月～3月加收暖氣費）Ｐ有🚏JR高山站搭乘濃
飛巴士平瀨溫泉站牌下車步行7分 **MAP** 別冊3A-2

好好品嘗
早餐

將切碎的豆腐混合味噌
食用的朴葉味噌，加了
溫泉蛋則是此地才有的
作法

民宿早餐最著名的朴葉味噌，每家民宿的調味和加入的食材都有不同，這就是家庭的味道了。

白川鄉、五箇山／住宿在合掌造民宅

妝點合掌造聚落的四季風情

春／長長的嚴冬之後，
更換屋頂茅草和農田工作忙翻天。

夏／草木的綠意眩目的季節。
寧靜悠閒呀～。

秋／收穫之秋裡，
稻穗的金黃色閃亮動人。

冬／一整面的銀色世界。
長長的靜靜的冬天來了。

追求名湯前往 奥飛驒溫泉鄉、 下呂溫泉

東側有奧飛驒溫泉，向下走則有下呂溫泉。
建議由高山稍微走遠一些，將聞名全日本的名湯，
排進去你的旅遊計劃中。
如果旅遊計劃是遊逛古老街區，
則白牆十分搶眼的飛驒古川，
和潺潺水聲十分宜人的郡上八幡
都可以提供一整天悠閒的旅程。

奧飛驒溫泉鄉是個這樣的地方

距離高山約1小時，由5處溫泉地構成的奧飛驒溫泉鄉。
在北阿爾卑斯的大自然、名湯、新鮮空氣下，身心都能獲得療癒。
首先要了解各區域的特色，再來訂定屬於自己的計劃吧。

Q. 什麼是奧飛驒溫泉鄉？

A. 平湯、福地、新平湯、栃尾、新穗高等5處溫泉地合成的溫泉鄉。泉質和溫泉街的氛圍，每個地區各具特色。

Q. 5處溫泉地距離近嗎？

A. 溫泉地之間的移動除了開車之外，主要是濃飛巴士。由最前方的平湯到福地約10分鐘；接著是新平湯、栃尾，到最裡面的新穗高約需花費30分鐘。

Q. 享受溫泉的訣竅是？

A. 每個溫泉地都有足湯和可以單純入浴的露天浴池等，因此最好的方法就是走遍每處溫泉地來泡溫泉。觀光服務處或各旅館都可以買到在觀光設施和伴手禮店、餐飲店等可以使用的折扣券，和附了觀光地圖的折價券小冊子（100日圓），可以有效地加以利用。

新穗高溫泉
日本唯一的雙層纜車
新穗高空中纜車

奧飛驒溫泉鄉觀光服務處
新穗高溫泉

西穗高口
北阿爾卑斯大橋

栃尾溫泉
荒神の湯
←神岡 ⑦71 ⑧475

可以看到心曠神怡景色的觀賞點

岐阜縣　長野縣

奧飛驒溫泉鄉觀光協會
新平湯溫泉

新平湯溫泉
全天候型的因此雨天也能觀賞

燒岳

福地溫泉
福地溫泉上

奧飛驒熊牧場

昔ばなしの里

白谷山

平湯溫泉發源地

アカンダナ山

神の湯

輝山

平湯溫泉

安房峠道路
安房隧道

飛驒與信州之間的隧道

上高地

平湯隧道

平湯溫泉巴士總站

←高山 ⑧158

秋天時有遼闊的波斯菊園

ほおの木平滑雪場

平湯溫泉
ひらゆおんせん

設有巴士總站的奧飛驒溫泉鄉玄關口。餐飲店、伴手禮店等分布均勻。奧飛驒各地裡歷史最悠久的溫泉地。

最推薦這裡

雄偉地一瀉而下的飛驒名瀑

平湯大滝 ひらゆおおたき

位於奧飛驒平湯大滝公園內的飛驒三大名瀑之一，也被選入「日本瀑布百選」的著名大瀑布。走在路況良好的散步路上可以同時觀賞。

☎0578-89-3030（平湯溫泉觀光服務處）
↑高山市奧飛驒溫泉鄉平湯 Ⓟ有 ♥JR高山站搭乘濃飛巴士在平湯スキー場前站牌下車步行15分
MAP 別冊2D-2

高達64m、寬度6m的雄偉瀑布

福地溫泉 ふくじおんせん

有著山村特有樸素氛圍的溫泉地。傳說平安時代時村上天皇曾微服到此療養，是個秘湯氛圍百分百的區域。

最推薦這裡
許多當地人會造訪的著名市場
福地溫泉朝市 ふくじおんせんあさいち

除了有許多當地採收的無農藥、有機栽培的農作物和高原蔬菜之外，特產品和傳統民藝品、漬物等眾多旅途伴手禮，都可以平價買到。

☎0578-89-3600
⌂高山市奧飛驒溫泉鄉福地110
⏰6:30～11:00(11月15日～4月14日為8:30～)
㊡無休 Ⓟ有 ♨JR高山站搭乘濃飛巴士在福地溫泉上站牌下車即到 MAP別冊8C-3

一大早就熱鬧非凡

新平湯溫泉 しんひらゆおんせん

國道471號線旁有許多住宿設施的新平湯，溫泉量豐富而有各種不同的泉質。特徵是樸素的民宿和現代化飯店、日本旅館等選項多元的住宿設施。

最推薦這裡
可以碰到100頭的熊
奧飛驒熊牧場 おくひだクマぼくじょう

踩大球和騎三輪車等由可愛的熊們進行的表演，1天舉行10時30分和15時等2場。也可以試著餵食；販賣部裡有許多相關的熊熊商品。

☎0578-89-2761
⌂高山市奧飛驒溫泉鄉一重ヶ根2535 ⏰8:00～17:00(8月～18:00) ㊡無休 ¥1100日圓
Ⓟ有 ♨JR高山站搭乘濃飛巴士在クマ牧場前站牌下車步行3分 MAP別冊8C-3

多注意這些可愛的熊熊

栃尾溫泉 とちおおんせん

位於蒲田川和平湯川交會處附近，是著名的溪釣場。有許多以家庭料理和溫暖的服務而受到歡迎的民宿，是個可以感受到故鄉般放心感受的溫泉地。

最推薦這裡
在奧飛驒發現南國的水果
FRUSIC フルージック

利用溫泉地熱的溫室裡栽培著火龍果，除了可以參觀溫室內部，以及購買水果、果醬之外，6～10月的夜間更可以看到大朵的花卉。

☎0574-25-7183
⌂高山市奧飛驒溫泉鄉栃尾952
⏰8:30～17:00、20:30～21:30(需預約) ㊡週四(暑假期間無休) ¥參觀費200日圓(日)、400日圓(夜) Ⓟ有 ♨JR高山站搭乘濃飛巴士在栃尾診療所前站牌下車即到 MAP別冊8B-3

水果1個約1000～3000日圓

新穗高溫泉 しんほたかおんせん

以北阿爾卑斯的登山口聞名。周圍有著雄偉的山巒，可以欣賞到雄壯的大自然。泉質和湧出量都很豐富，住宿設施的數量也冠於奧飛驒。

最推薦這裡
爽快兜風在高70m的大橋上
北阿爾卑斯大橋 きたアルプスおおはし

連結中尾高原與鍋平高原之間，全長150m的拱橋。位於外之谷水面起約約70m高的地方，有著讓人心曠神怡的風光；也是著名的兜風路線。

☎0578-89-2458
(奧飛驒溫泉鄉觀光服務處)
⌂高山市奧飛驒溫泉鄉神坂
Ⓟ有(北阿爾卑斯展望園地停車場) ♨JR高山站搭乘濃飛巴士在国立公園口站牌下車步行30分 MAP別冊9C-2

10月中旬的紅葉很美

每年2月舉行的「平湯大滝結冰祭」，會在結了冰的大瀑上打燈光，可以看到如夢似幻的景色。

飽覽北阿爾卑斯的大自然
巡遊可以純入浴的露天浴池&足湯

以豐富的泉量著稱的奧飛驒溫泉鄉裡，
有不少可以純入浴的公共露天浴池和足湯。
就欣賞著大自然，輕鬆地享用名湯吧。

↑也有可以免費使用的足湯
←可以享受岩石浴池和檜木浴池、水柱湯等多元的浴池

各有異趣的16座露天浴池
ひらゆの森
‖平湯‖ひらゆのもり

在廣大的占地裡有著男女用合計16座的露天浴池。位於原生林中的開放位置，也可以享受森林浴。備有餐廳和住宿設施等，可以花些時間悠閒度過。

☎0578-89-3338
⌂高山市奧飛驒溫泉鄉平湯763-1 ⏰10:00～20:30 ㊡無休(4、9、12月有整修休) ¥500日圓 ℗有 🚏JR高山站搭乘濃飛巴士在平湯溫泉ターミナル站牌下車步行3分 MAP別冊9B-4

享受隨著季節變換的景色

由露天浴池
一覽北阿爾卑斯
アルプス街道 平湯
‖平湯‖アルプスかいどうひらゆ

位於餐廳和購物設施完備的平湯溫泉巴士總站內的公共浴場。源泉放流的露天浴池，可以看到北阿爾卑斯山的笠之岳。

☎0578-89-2611 ⌂高山市奧飛驒溫泉鄉平湯628 ⏰8:30～17:00(有季節性變動) ㊡無休 ¥600日圓 ℗有 🚏JR高山站搭乘濃飛巴士在平湯溫泉巴士總站站牌下車即到(巴士總站內) MAP別冊9A-4

還吃得到五平餅
放鬆休憩的湯
昔ばなしの里 石動の湯
‖福地‖むかしばなしのさといするぎのゆ

擁有木造的內湯，和一覽附近寧靜山巒的露天浴池。泡完湯後，就在隔壁的五平餅村享用免費招待的五平餅，好好放鬆休憩。

☎0578-89-2793 ⌂高山市奧飛驒溫泉鄉福地溫泉110 ⏰10:00～17:00 ㊡週三(有不定休) ¥500日圓(附五平餅村的五平餅1支) ℗有 🚏JR高山站搭乘濃飛巴士在福地溫泉上站牌下車即到 MAP別冊8C-3

懷舊的氛圍極富吸引力

最適合旅程中的小憩
蛍の湯
‖栃尾‖ほたるのゆ

位於蒲田川河畔的足湯。有屋頂的建築，下雨天也可以利用。

☎0578-89-2614(奧飛驒溫泉鄉觀光協會) ⌂高山市奧飛驒溫泉鄉栃尾溫泉 ⏰24小時 ㊡無休 ¥自由捐獻 ℗有 🚏JR高山站搭乘濃飛巴士在上栃尾站牌下車即到 MAP別冊8B-1

視野極佳的足湯泡湯點
足洗いの湯
‖新穂高‖あしあらいのゆ

北阿爾卑斯群山一覽無遺的寬闊足湯，可以用玩水的感覺使用。

☎0578-89-2458(奧飛驒溫泉鄉觀光服務處) ⌂高山市奧飛驒溫泉鄉中尾 ⏰8:00～22:00 ㊡無休(冬季可能關閉) ¥自由捐獻 ℗有 🚏JR高山站搭乘濃飛巴士在中尾高原(足湯前)站牌下車即到 MAP別冊9B-2

在河流和綠意圍繞中的露天浴池
新穗高の湯
‖新穗高‖しんほたかのゆ

位於蒲田川流經的舊中尾橋下，是壯觀的天然巨岩形成的混浴共同露天浴池。可以穿著泳裝和圍毛巾，女性也可以放心入浴。

☎0578-89-2458
(奧飛驒溫泉鄉觀光服務處)
🏠高山市奧飛驒溫泉鄉神坂
🕐8:00～21:00 ㊡11月1日～4月下旬 ¥清潔協助費(約300日圓) 🅿有
📍JR高山站搭乘濃飛巴士在中尾高原口站牌下車即到 MAP別冊9B-2

像是天然溫泉泳池般的解放感

不同泉質的2個源泉放流
中崎山荘 奧飛驒の湯
‖新穗高‖なかざきさんそうおくひだのゆ

原新穗高溫泉發源的旅館，現已改建為純泡湯的湯屋。露天浴池屬於無色透明的硫磺泉，內湯則是新穗高溫泉唯一的乳白色鹼性單純泉等，一次可以享受2種溫泉。

☎0578-89-2021 🏠高山市奧飛驒溫泉鄉神坂710 🕐8:00～20:00
(冬季的打烊時間可能變更，需洽詢) ㊡不定休 ¥800日圓 🅿有
📍JR高山站搭乘濃飛巴士在新穗高溫泉站牌下車即到
MAP別冊9C-1

笠之岳近在眼前的露天浴池

🐦 在此小憩片刻♪
美味聖代的人氣咖啡廳
CAFÉ MUSTACHE
‖平湯‖カフェマスタシュ

6種迷你聖代很受歡迎的小木屋型態咖啡廳。可以另外加入雞蛋和乳酪的牛肉咖哩人氣也高。

☎0578-89-3037 🏠高山市奧飛驒溫泉鄉平湯679 🕐8:00～20:00(有時期性變動) ㊡不定休 🅿有 📍JR高山站搭乘濃飛巴士在平湯溫泉巴士總站站牌下車即到 MAP別冊9B-4

絕對吃得過癮的貪心聖代780日圓～

在古民宅藝廊裡用餐
陶·茶房 萬葉館
‖福地‖とうさぼうばんばかん

可以使用店主夫妻製作的餐具，享用使用當地食材做的和食，以及有機栽培的咖啡、手工甜點等。

☎0578-89-3889 🏠高山市奧飛驒溫泉鄉福地99 🕐10:00～16:00 ㊡週四、第3週五(冬季可能停業) 🅿有 📍JR高山站搭乘濃飛巴士在福地溫泉上站牌下車即到 MAP別冊8C-3

還可以購買作品

🐦 伴手禮看過來
名產「はんたい玉子」非買不可
つるや商店
‖平湯‖つるやしょうてん

名產「はんたい玉子」，和採自自家源泉つるの湯井中的入浴劑「湯の花」都頗暢銷的伴手禮店。

☎0578-89-2605 🏠高山市奧飛驒溫泉鄉平湯519 🕐8:00～21:00 ㊡不定休 🅿有 📍JR高山站搭乘濃飛巴士在平湯溫泉巴士總站站牌下車即到 MAP別冊9B-3

蛋黃熟了蛋白卻是半熟的はんたい玉子50日圓

奧飛驒溫泉鄉裡常見的共同浴場，部分禁止使用肥皂和洗髮精，需注意。

奧飛驒溫泉鄉／巡遊可以純入浴的露天浴池&足湯

搭乘新穗高空中纜車
前往雲的上方吧

搭乘位於奧飛驒溫泉鄉最裡面的新穗高空中纜車，
可以眺望雄偉的山勢同時享受爽快的空中散步樂趣。
各站都設有餐廳和伴手禮店、足湯等設施，別忘了去消費一下。

新穗高空中纜車
しんほたかロープウェイ

眺望北阿爾卑斯山群峰
名列日本前茅的絕景景點

由新穗高溫泉到西穗高口之間，全長
3171m的空中纜車。新綠和紅葉、雪景等
各個季節，都可以欣賞到有日本屋脊之稱
的北阿爾卑斯群山的雄偉風光。

☎0578-89-2252
🏠高山市奧飛驒溫泉鄉新穗高　🕐 8:30～16:00
（有季節性變動）　🈺無休（定期檢查時會臨時停駛）
💴去回2900日圓　🅿有　🚍JR高山站搭乘濃飛巴士
在新穗高ロープウェイ站牌下車即到
MAP 別冊9C-1

前往山頂的第2空中纜車，使用了全日本唯一的
雙層車廂運行

鍋平高原上有
完整的自然散步
道可以看到美麗
的白樺林

鍋平高原
站到白樺平站
之間步行
約2分鐘

在新穗高溫泉站
伴手禮GET

停車場可容納
250輛。到纜
車站步行3分

鍋平高原

Choro-Q車廂
「ばんりゅう号」
1000日圓

以第2空中纜車使用的
雙層車廂造形製作，
只在這裡買得到的罕
見Choro-Q

足湯

● 第1空中纜車

鍋平高原站
(1305m)

🏠新穗高遊客中心
山楽館 神宝乃湯

足湯

白樺平站(1308m)
Ⓡ レストラン あるぷす
Ⓢ アルプスのパン屋さん
Ⓢ テイクアウト パノラマ
Ⓡ そば処 鍋平

雙層空中纜車
丘比 480日圓

戴著車廂的
丘比爬行前進的
姿勢真可愛

● 新穗高溫泉站(1117m)
Ⓡ 喫茶 笠ヶ岳
Ⓢ 味処 奥飛驒

蒲田川

前往西穗高口站的屋頂展望台

可以在販賣部買到木製明信片 380日圓

從「米其林綠色指南-日本篇」中獲得二星的屋頂展望台，可以欣賞360°的山岳景觀，還可以在設置該處的山びこ郵筒投遞信件。

日本最高處的郵筒

レストラン マウントビュー

可以品嘗以西穗高岳海拔2500m處的湧水沖泡的咖啡和簡餐。

蘋果派和熱咖啡的套餐770日圓

登山道1

花費約25分到達山頂!!

林道
健行路線
散步道

播隆上人的像 🚻
千石園地 🚻

西穗高口站(2156m)
レストラン マウントビュー Ⓡ

觀賞北阿爾卑斯美景的露天浴池

第2空中纜車

北阿爾卑斯的雄偉山勢逐漸逼近眼前!

白樺平站內有許多愉快的景點

新穗高遊客中心 山楽館 神宝乃湯
しんほたかビジターセンター
さんがくかんかみたからのゆ

位於白樺平站前新穗高遊客中心內部的純泡湯溫泉，可以欣賞到四季不同的美景。

☎0578-89-2254
🏠高山市奧飛驒溫泉鄉新穗高
🕘9:00～15:00(因空中纜車的營運時間可能延長) 🈺空中纜車停駛日 🉐入浴費600日圓、另售毛巾210日圓
🅿有 ‼新穗高空中纜車白樺平站即到
MAP 別冊9C-1

レストラン あるぷす
要吃正規的餐點，就來這家提供飛驒牛咖哩等定食菜色的餐廳。

飛驒豬的朴葉味噌炸豬排 1130日圓

テイクアウト パノラマ
可以輕鬆享用到飛驒牛可樂餅和飛驒牛包子等飛驒的名產。

飛驒牛牛排串燒500日圓

香酥口感的可頌麵包 170日圓

アルプスのパン屋さん
可以買到剛出爐麵包的人氣麵包店。

新穗高溫泉站內的喫茶 笠ヶ岳裡的山葵霜淇淋（310日圓），是略微嗆鼻的大人味道。

想住在好風評的著名住宿處
待客周到舒適的旅館

溫泉地特有的風情固然美好，但舒適的設備和服務也不可或缺。
於是有了回應女性顧客期待的旅館。
在這裡介紹位於溫泉鄉內，以待客聞名的3家旅館。

■ 木料溫暖感覺的客房。大型的窗戶可以看到四季各異的窗外風光
■ 像是大自然懷抱裡的露天浴池　■ 將當地名產飛驒牛以備長炭炙烤享用

享受奢華時間的優質旅館
匠の宿 深山桜庵

‖平湯‖たくみのやどみやまおうあん

建在群山之間，大膽使用木材結構的旅館。舒適的空間裡，甚至有部分客房設有按摩椅。晚餐可以在地爐邊，享用炙烤飛驒牛和牛壽喜小鍋等使用當地名產做出的會席料理。二個源泉湧出的溫泉，可以在大浴場、露天浴池、包租露天浴池等泡到。不同泉質的溫泉都可以試試看。

☎ 0578-89-2799 ⑪ 高山市奧飛驒溫泉鄉平湯229 ⓒIN15:00 OUT11:00 ¥1泊2食23150日圓〜（含稅、服務費）ⓟ有 ♦JR高山站搭乘濃飛巴士在平湯溫泉ターミナル站牌下車步行7分 MAP別冊9B-3

住宿裡面就是這種感覺

天花板挑高寬闊的大廳

自己挑選喜歡的浴衣

欣賞外面的風景泡著湯放鬆身體

晚餐都是飛驒的美味！（照片為示意）

在包租露天浴池內慢慢地享受幸福時光

好評背後總有些小小的待客之道！

深山桜庵會準備許多提供給住宿客的驚喜，像是大浴場泡完湯之後的免費鮮奶服務，或是宵夜時可以吃到拉麵等。旅途中不經意碰到的小小體貼還是令人高興的。

1 都是精選的飛驒牛和河魚等奧飛驒的食材 2 四座包租浴池各有內浴池和露天浴池 3 將舊宅改造的寬敞建築

1天只接待5組客人的無微不至服務
奧飛驒 山草庵 饗家
‖新平湯‖ おくひださんそうあんきょうや

位於大自然圍繞下奧飛驒的料理旅館。客房只有5間，可以度過安穩舒適的時光。料理是奧飛驒的四季食材，加上少主人自由發想的搭配做成。盛裝在講究的器皿裡，外觀極美。

模素的外觀融入了山村景色中

☎ 0578-89-2517
⌂ 高山市奧飛驒溫泉鄉一重ヶ根212-84
🕐 IN15:00 OUT10:30
¥ 1泊2食17850日圓～
P 有 ♦JR高山站搭乘濃飛巴士在新平湯溫泉禅通寺前站牌下車步行3分
MAP 別冊8C-2

1 二座包廂露天浴池不需預約，可以無限次數利用 2 地爐間氛圍沉穩 3 大自然孕育出的當令美味

感受到溫暖的古民宅風旅館
郷夢の宿 山ぼうし
‖新平湯‖ きょうむのやどやまぼうし

全客房備有地爐的旅館。館內設有舒適的談話室和休憩空間，可以悠閒度過。備有爐端的包廂用餐處吃到的是鄉村風創作料理，炭火方式的瓦燒和當令蔬菜都味美。包租露天浴池「蔵の湯」附有內湯，備受好評。

融入奧飛驒豐富大自然之中的外觀

☎ 0578-89-2538
⌂ 高山市奧飛驒溫泉鄉一重ヶ根832
🕐 IN15:00 OUT10:00
¥ 1泊2食16000日圓～
P 有
♦JR高山站搭乘濃飛巴士在禅通寺前站牌下車即到
MAP 別冊8B-2

奧飛驒溫泉鄉／待客周到舒適的旅館

「奧飛驒 山草庵 饗家」在本館1樓和用餐棟設有地板暖房，因此寒冷季節也可以舒適度過。

舊建築的旅館也要看看建築架構
在山村裡悠閒地好好休息

奧飛驒溫泉鄉裡有使用古民宅的旅館，和使用了飛驒建築樣式的旅館。
接觸「飛驒工匠」技術打造的卓越建築，讓思維奔放在當時的生活裡…。
這裡介紹各區域裡可以沉浸在懷古氛圍裡的旅館。

↑ 在有著淡淡木材香氣的空間裡休憩
→ 可以2、3個人利用的包租露天浴池

❋要注意這裡！❋
設有地爐的大廳和配置
飛驒家具的客房，有著
濃濃的山村風情。

模擬山莊的居家型旅館
奧飛驒山莊 のりくらー休 　平湯
おくひださんそうそうのりくらいっきゅう

建於可以俯瞰平湯溫泉街高地上的旅館。除了有
男女分浴的露天浴池之外，也有二間包租露天浴
池。晚餐可以吃到四季各異的菜色，包含了飛驒
牛的涮涮鍋和蕎麥麵等。

☎0578-89-2635 ⌂ 高山市奧飛驒溫泉鄉平湯85-3
◷ IN15:00 OUT10:00 ¥1泊2食 13000日圓~
Ⓟ有 ⚑JR高山站搭乘濃飛巴士在平湯溫泉巴士總站站牌
下車步行5分 MAP 別冊9B-3

源泉放流與客房用餐的旅館
鄙の館 松乃井 　新平湯
ひなのやかたまつのい

以使用飛驒牛和當地食材的料理聞名。將奧飛驒
自古傳下來的美食做成大拼盤的鄙盛（いなかも
り）備受好評。晚餐和早餐都可以在客房裡悠閒
享用。

☎0578-89-2229 ⌂ 高山市奧飛驒溫泉鄉一重ヶ根202-
124 ◷IN14:00 OUT11:00 ¥1泊2食14000日圓~ Ⓟ有
⚑JR高山站搭乘濃飛巴士在上地ヶ根高原站牌下車即到
MAP 別冊8C-2

↑ 厚重紮實的橫樑引人目光的大廳　　→ 很有開放
感的包租露天浴池，信樂燒的浴槽「ゆらぎ」

❋要注意這裡！❋
附帶寬闊露天浴池的包
租家庭浴池有2處。

↑ 挑高的大廳充分展現了天然木材的優點　→ 使用當地食
材的料理可以吃到一之膳到三之膳

❋要注意這裡！❋
將120年歷史的民宅移築來此，並改
裝為飛驒山區傳統性建築的母屋。

融入周邊大自然裡的傳統飛驒建築
松宝苑 　新平湯
しょうほうえん

位於稍微遠離溫泉街寧靜場所的獨戶式旅館。占
地內的三處源泉湧出泉量豐富的溫泉，在庭園盡
頭的露天浴池，可以切身感受到奧飛驒的四季。

☎0578-89-2244 ⌂ 高山市奧飛驒溫泉鄉一重ヶ根205
-128 ◷IN14:00 OUT10:00 ¥1泊2食13000日圓~
Ⓟ有 ⚑JR高山站搭乘濃飛巴士在福地溫泉口站牌下車即
到 MAP 別冊8C-2

「飛驒工匠」的歷史久遠，據說8世紀時就已存在。飛驒的精湛建築技術獲得中央政府的肯定，在打造平城、平安首都時發揮了極大的作用。建設首都之後，也將中央的文化帶回了飛驒，發揮了文化上的作用。

↑直接利用奧飛驒的舊家
→以巨大的自然石圍起的野趣露天浴池

※要注意這裡！
別館是有200年歷史的合掌造建築。粗大的橫樑和柱子很壯觀。

利用合掌造建築的樸素旅館
栃尾荘 〔栃尾〕
とちおそう

除了岩石的露天浴池和內湯之外，還有釜風呂和寢湯的包租露天浴池。在合掌造別館內享用的鄉土料理，是使用了當地食材的媽媽味道。家庭式的待客方式也很溫馨。

☎0578-89-2404 △高山市奧飛驒溫泉鄉栃尾21
◎IN14:30 OUT9:30 ¥1泊2食 8800日圓（含稅、服務費）
P有 ♨JR高山站搭乘濃飛巴士在上栃尾站牌下車即到
MAP別冊8B-1

在寧靜的別館像山村生活般地度過
いろりの宿 かつら木の郷 〔福地〕
いろりのやどかつらぎのさと

將150年歷史的豪農住宅遷移到廣達4000坪占地內作為本館，和各種形式的別館構成。除了感受得到四季變化的露天浴池之外，還有附設檜木製內湯的二座包租露天浴池。

☎0578-89-1001 △高山市奧飛驒溫泉鄉福地溫泉10
◎IN15:00 OUT11:00 ¥1泊2食 20000日圓～ P有
♨JR高山站搭乘濃飛巴士在福地溫泉上站牌下車步行3分
（福地溫泉口巴士站有接送，需確認）MAP別冊8C-3

※要注意這裡！♪
也有座別館直接使用一整戶100年前的古民宅當成1個房間使用，極為奢華。

→在包廂式餐廳享用的別館設有料理地爐的古民宅式房
別館都設地爐料理所古民宅式房

※要注意這裡！
擁有將超過200年歷史舊家移築而來的本館與土藏造的別館。

↑樸素而紮實的結構令人印象深刻的本館客房（一例）→可以觀賞美景的混浴露天浴池「槍見の湯」

群山圍繞中的秘湯獨戶式旅館
槍見の湯 槍見舘 〔新穗高〕
やりみのゆやりみかん

擁有晴朗的日子可以一覽槍之岳美景的「槍見の湯」，以及各具特色的7座露天浴池的人氣旅館。可以品嘗到蒲田川捕獲的河魚和飛驒牛等，大量使用當地食材的料理。

☎0578-89-2808 △高山市奧飛驒溫泉鄉神坂587
◎IN14:00 OUT11:00 ¥1泊2食 15000日圓～ P有
♨JR高山站搭乘濃飛巴士在中尾高原口站牌下車步行5分
MAP別冊9B-1

圍繞奧飛驒的北阿爾卑斯群山中最高的山，是奧穗高岳的海拔3190m；槍之岳則為3180m。

奧飛驒溫泉鄉／在山村裡悠閒地好好休憩

在日本三名泉之一的下呂溫泉
遊逛充滿溫泉氣息的街區

由1000年之前開始，就有眾多人們造訪過的下呂溫泉。
除了溫泉設施和足湯之外，品嘗下呂名產的美食景點等，
就來逛逛這充滿多元樂趣，有著悠久歷史的溫泉街吧。

整個繞上一圈 **5小時**

建議出遊Time **10:00-15:00**

由於JR下呂站到下呂溫泉合掌村有些距離，最好搭乘巴士或計程車。午餐之後則在河畔等地悠閒地散散步，疲累時就去足湯小憩片刻。

下呂溫泉是個這樣的地方

和有馬、草津同為日本三名泉之一，並以美膚之湯聞名的下呂溫泉。到處都有免費的足湯，因此遊逛途中也可以輕鬆享受溫泉。使用下呂特產的當地美食也十分受歡迎。

小·小·旅·程·提·案

JR下呂站
　↓　🚌巴士6分
1 **下呂溫泉合掌村**
　↓　👣步行即到
2 **菅田庵**
　↓　👣步行10分
3 **下呂溫泉 足湯の里 ゆあみ屋**
　↓　👣步行5分
4 **下呂發溫泉博物館**
　↓　👣步行13分
JR下呂站

泡著足湯
享用個性派的甜點
3 下呂溫泉 足湯の里 ゆあみ屋
げろおんせんあしゆのさとゆあみや

以冰的霜淇淋和溫泉蛋組合而成的著名甜點「溫玉ソフト」極受歡迎。也販售不少日本雜貨和工藝商品、下呂伴手禮等。

☎0576-25-6040 🏠下呂市湯之島801-2 🕘9:00～20:30（12～3月～18:30、足湯24小時）🈚無休 🅿無 🚃JR下呂站步行7分 MAP別冊11B-2

接觸過往飛驒的生活
1 下呂溫泉合掌村
げろおんせんがっしょうむら

將由白川鄉等地移築而來的合掌造民宅以聚落的方式重現，可以了解飛驒的文化和過往的生活形態。在「しらさぎ座」上演的皮影戲也值得一賞。

舊大戶家住宅是國家級的重要文化財

☎0576-25-2239
🏠下呂市森2369 🕘8:30～17:00 🈚無休 🈯800日圓 🅿有
📍JR下呂站搭乘濃飛巴士在合掌村站牌下車即到 MAP別冊11C-2

特別的名產番茄丼獲好評
2 菅田庵
すがたあん

使用有400年歷史古民宅的餐廳。炒的鹹鹹甜甜的飛驒牛和岐阜縣生產的菇類上方，鋪上下呂特產水果用番茄的番茄丼極為有名。

清爽的酸味讓人一口接一口的番茄丼945日圓

☎0576-25-3070 🏠下呂市森2583 🕘9:30～18:00 🈚無休 🅿有 📍JR下呂站搭乘濃飛巴士在合掌村站牌下車即到 MAP別冊11C-2

全日本的溫泉資料齊集
4 下呂發溫泉博物館
げろはつおんせんはくぶつかん

由溫泉湧出的架構、日本全國溫泉的泉質和效能、溫泉的發現傳說、溫泉排行榜等多個面來介紹溫泉。還可以使用足湯和步行浴。

☎0576-25-3400
🏠下呂市湯之島543-2
🕘9:00～17:00 🈚週四（逢假日則翌日休）
🈯400日圓 🅿有 🚃JR下呂站步行13分
MAP別冊11B-1

位於店前的足湯24小時開放可以免費使用

溫玉ソフト 400日圓

展示日本各地的湯之花

划算而方便的溫泉護照

湯めぐり手形 ゆめぐりてがた

可以自25處加盟旅館裡，挑選自己喜歡
的3家來入浴。可以在伴手禮店和加盟
旅館等處購買。

湯めぐり手形1300日圓
自購買日起6個月內有效

☎0576-25-2541（下呂溫泉旅館協同組合）

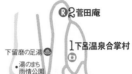

足湯＆純泡湯 溫泉輕鬆巡遊

鷺の足湯 さぎのあしゆ

下呂最早成長的足湯。依照一隻白鷺指出溫泉源泉
所在位置的傳說打造而成。

☎0576-25-2462
（下呂溫泉株式会社）
🏠下呂市湯之島546
🕐24小時 休無休
¥免費 P無
🚃JR下呂站步行8分
MAP別冊11B-1

ビーナスの足湯 ビーナスのあしゆ

位於西式公共浴場「白鷺の湯」前面的足湯，可以圍著白
色的維納斯繞一圈坐下來泡腳。

☎0576-25-2462
（下呂溫泉株式会社）
🏠下呂市湯之島856-1
🕐24小時 休無休
¥免費 P無
🚃JR下呂站步行8分
MAP別冊11B-1

クアガーデン露天風呂 クアガーデンろてんぶろ

位於飛驒川畔，只設有露天浴池的純泡湯設施。可
以聽著河流的潺潺水聲，享受三溫湯、衝擊湯、箱
蒸等6種不同的溫泉浴。

☎0576-24-1182
🏠下呂市湯之島894-2
🕐8:00～21:00（入
場～20:15） 休週四
（逢假日則翌日休）
¥600日圓 P有
🚃JR下呂站步行10分
MAP別冊11B-1

十分具有開放感的露天浴池

地圖標示：
R2 菅田庵
1 下呂溫泉合掌村
下留磨的足湯
湯のまち 雨情公園
41 257
温泉寺
雅の足湯
下呂發溫泉
博物館 4
ビーナスの足湯
白鷺の湯
S3 下呂溫泉 足湯の里
ゆあみ屋
下呂市役所
田の神の足湯
ギャラリー
さんぽ道
鷺の足湯
クアガーデン
露天風呂
噴泉池
いで湯大橋
飛驒川
440
奥田又右衛門膏
本舗 S
六見橋
高山站
H 水明館
JR高山本線
モリの足湯
飛驒金山站
下呂站
觀光服務處

伴手禮就買這個

源泉100%的化妝水

下呂溫泉みすと
げろおんせんみすと

☎0576-25-2541
（下呂溫泉旅館協同組合）

使用以美人湯而聞
名的下呂溫泉水做
成的化妝水，可以
在市內的旅館和伴
手禮店等地買到。

1瓶1300日圓～。

古早的膏藥

下呂膏
げろこう

下呂溫泉的接骨醫生奧田家代代
相傳的膏藥，對落枕和撞傷等症
狀有效。1盒8片入1080日圓。

奥田又右衛門膏本舗
おくだまたえもんこうほんぽ

☎0120-78-2238
🏠下呂市森28 🕐9:00～17:00
休不定休 P有 🚃JR下呂站步
行7分 MAP別冊11B-3

3月中旬～11月下旬時，下呂溫泉合掌村入口下會舉行朝市，有許多如番茄汁和漬物等當地的特產品販售。

以自產自銷為主題
享用G-Lunch&G-Gourmet

使用當地生產食材的下呂特有美味一定不能錯過。
在下呂站前的觀光服務處等地，取得G-Lunch&G-Gourmet的MAP
好好享用下呂溫泉的著名料理吧。

Menu
雞ちゃん 1人份600日圓
用蒙古烤肉鍋，將雞肉和高麗菜
炒成的料理。最後追加一道，由
炒麵（290日圓）來收尾。

特製醬汁的香氣誘人食慾著名的美食

鶏ちゃんと
郷土料理専門店 杉の子
けいちゃんときょうりょうりせんもんてんすぎのこ

當地人也認同、有著居家感覺
的鄉土料理餐廳。使用精選的
雞腿肉，再以有著大蒜風味的
秘傳醬油醬汁炒成的鶏ちゃん
很受歡迎。還有遠方專程來享
用的客人。

☎ 0576-25-7011
⌂ 下呂市小川1311
⏱ 11:00～14:00、
17:00～20:00 困週一
（有臨時休）P有
🚃 JR下呂站車程5分
MAP 別冊11C-4

お食事処 宴蔵
おしょくじどころえんぞう

可以吃到使用當地名牌豬
飛驒納豆喰豬和飛驒牛料
理等當地著名美食，番茄
蓋飯和飛驒納豆喰豬的南
蠻蓋飯（980日圓）等的
獨創菜色豐富而多元。

☎ 0576-24-2883
⌂ 下呂市森971-59
⏱ 11:00～14:30、17:00～
21:00 困不定休
🚃 JR下呂站步行12分
MAP 別冊11B-2

滿滿是當地產食材的著名蓋飯深獲好評

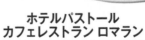

Menu
加爾各答咖哩 1080日圓
使用肉質柔嫩帶甜味的岐
阜名牌豬，飛驒、美濃健
豚里肌肉的咖哩。

食材的甘甜和香料的刺激絕妙地對味

ホテルパストール
カフェレストラン ロマラン

可以俯瞰下呂溫泉街的飯店內餐廳。
由廚房的員工餐菜色誕生的咖哩，肉
與蔬菜的甘甜與逐漸出現的香料辣味
刺激令人一吃上癮。

☎ 0576-24-2000
⌂ 下呂市森1781 ⏱ 11:30～13:30、
17:30～20:30 困不定休 P有 🚃 JR下呂
站車程5分 MAP 別冊11C-3

Menu
飛驒なっとく豚トマト丼 980日圓
使用飛驒納豆喰豬和下呂
產番茄的特製蓋飯，醬油
底味的醬汁非常下飯。

可作為伴手禮！

飯店的販賣部販售真空
包。
250g（1人份）648日圓
450g（2人份）1080日圓

以道地的義大利菜
品嘗下呂的番茄

水明館 欧風レストラン バーデンバーデン

すいめいかんおうふうレストランバーデンバーデン

數量限定的高級漢堡
十分受到歡迎

紅磚打造而成的沉穩氛圍餐廳。除了可以吃到以當地食材做成的全餐之外，午餐限定20客、使用精選食材的漢堡備受好評。

☎ 0576-25-2800(水明館)
🏠下呂市幸田1268 ⏰10:00～20:00(午餐為11:00～14:00)
🈺無休 🅿有 🚉JR下呂站步行3分 🗺別冊11B-2

Menu
飛驒牛漢堡(附本日例湯、飲料、限午餐時段) 1500日圓
夾有飛驒牛100%的牛肉餅、番茄和蔬菜、起司等飛驒的特產，份量十足。

LA VITA e bella
ラヴィータエベッラ

一整片窗戶都能看到飛驒川的地理位置，富有吸引力的義大利餐廳。可以品嘗到在拿坡里學藝過的經營人主廚做的義大利麵和披薩等道地的菜色。

Menu
當地產番茄和莫札瑞拉起司的義大利麵 1050日圓
大量使用當地番茄，可以享受到甘甜而多汁的風味。

☎ 0576-25-2511
🏠下呂市森1001-3
⏰11:00～13:30、18:00～20:30 🈺週三、第3週四 🅿有 🚉JR下呂站步行10分
🗺別冊11B-2

 也想吃G-SWEETS♥

ばんこあんみつ 750日圓

塞滿了當地產鮮蒟蒻和番茄等多種材料的餡蜜。

下呂温泉合掌村 萬古庵
げろおんせんがっしょうむらばんこあん

☎ 0576-25-2239(下呂温泉合掌村)
🏠下呂市森2369 下呂温泉合掌村內
⏰8:30～17:00 🈺無休 🅿有
🚉JR下呂站搭乘濃飛巴士合掌村站牌下車即到 🗺別冊11C-2

栃の実ワッフル 1個200日圓

加了芳香七葉樹籽的鬆餅。七葉樹籽冰淇淋鬆餅也十分可口。

喫茶富喜屋
きっさふきや

☎ 0576-25-5228
🏠下呂市幸田1185 ⏰8:00～16:00
🈺不定休 🅿有
🚉JR下呂站步行3分
🗺別冊11B-2

幸月の生どら 1個189日圓
(季節の生どら 1個210日圓)

使用當地的新鮮雞蛋和牛乳做成的麵皮，包著紅豆餡和鮮奶油的西式銅鑼燒。

幸月本家
こうげつほんけ

☎ 0576-25-2815
🏠下呂市幸田1145-4 ⏰8:30～19:00
🈺不定休 🅿有
🚉JR下呂站步行5分
🗺別冊11A-1

「ホテルパストール カフェレストラン ロマラン」的真空包咖哩，是發售之後銷售超過45萬個的人氣商品。

靜靜待在夢幻的著名飯店裡
肌膚和心情都光澤閃耀

在附有露天浴池的客房裡放鬆身心、酒吧裡休憩、美容護膚鬆弛心情…。
遊逛觀光名勝固然很好，但有時候還是可以窩在飯店裡悠閒地度過。
在此介紹最適合度過這種奢侈時間的下呂的著名旅館。

① 位於4樓附露天浴池的客房。旅館在高地上，因此下呂溫泉街的街區盡收眼底　② 大廳休息室「醉月」裡可以看到石亭和小庭園　③ 設有大屋簷和雨遮的寬敞客房

寬敞的客房俯瞰下呂的街區
今宵 天空に遊ぶ しょうげつ
こよいてんくうにあそぶしょうげつ

位於可以俯瞰飛驒川高地上的旅館。數寄屋形式的客房，一個樓層只有3間，每間客房的面積都超過5坪，寬敞而宜人。夜晚時下呂溫泉的街區夜景就在窗外展開，有著像是飄浮在空中般的感受。打造在大自然裡的包租露天浴池裡，可以感受到季節和時光的流逝。

☎ 0576-25-7611
⌂ 下呂市幸田1113
🕐 IN14:00 OUT11:00
¥ 1泊2食29000日圓～
🅿 有 🚃 JR下呂站步行15分 (有接送，需預約)
MAP 別冊11A-1

享受溫泉+α
※ 陶藝體驗
需時約2小時 3000日圓（作品的郵寄費用另計）
※ 美容護膚
天然去角質臉部淨化護膚 40分6300日圓、腳底按摩20分3675日圓、Moon獨創身體療程 70分12600日圓、防老化臉部美容特別施術70分12600日圓

經過夢幻般的走廊前往夢幻世界

高雅的氛圍最愉悅的心情

在別館的包租浴池裡悠哉享受

每個月擺菜色的料理是一道道上菜的

陶醉在眼前的夜景中

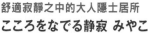

舒適寂靜之中的大人隱士居所

こころをなでる静寂 みやこ

こころをなでるせいじゃくみやこ

禁止未滿12歲兒童入內等規定，重視私人時間、以成人為訴求的旅館。客房種類多元，浴池的設計每間客房都不相同。徹夜待在酒吧或圖書沙龍裡，或是在附有露天浴池的別館裡輕鬆度過，有多種選擇來享受這奢侈的一刻。

※享受溫泉＋α※

圖書沙龍
一整面牆壁的書架上，擺滿了藝術書籍到小說等的各種書籍。設有大張的桌椅，可以悠閒享受閱讀的樂趣。

酒吧
有間只有吧台座的小小酒吧。在寂靜之中享用美酒

■運用古木自然曲線的客房
②備有木製陽台的庭園露天浴池
③大量使用飛驒四季食材入菜的懷石料理。精美地擺放在特製的作家餐具裡

純日式的穩重外觀

☎ 0576-25-3181　⌂ 下呂市森2505　⏰ IN15:00 OUT10:00
¥ 1泊2食19800日圓～
🅿 有　🚌 JR下呂站車程（有接送，需預約）
MAP 別冊11C-2

在藝術的旅館度過療癒的時光

紗々羅

ささら

優雅的館內，裝飾著繪畫和彩繪玻璃等的古色古香用品，客房種類多元，有附露天浴池的和室和別館房型等。浴池也有多種，包含可以欣賞溫泉街夜景的展望大浴場和包租露天浴池。此外還備有岩盤浴和美容室等，十分受到女性的青睞。

※享受溫泉＋α※

※**岩盤浴「宇宙（そら）的雫」**
森山館1樓。女性專用室1人1200日圓／50分、2人用房1間3000日圓／50分

※**美容護膚**
腳底按摩 20分3800日圓、精油按摩 40分（女性6500日圓男性7000日圓）、臉部按摩 20分3800日圓、頭部按摩 20分3800日圓（※美容護膚週三休）

■看得到下呂夜景的客房「2人のパラード」　②有著木材香氣的和室「木の香」　③可以悠閒享受的包租露天浴池備受好評

挑高的大廳開放感十足

☎ 0576-24-1777　⌂ 下呂市森1412-1
⏰ IN14:30 OUT10:30
¥ 1泊2食15000日圓～
🅿 有　🚌 JR下呂站步行15分（有接送，需預約）
MAP 別冊11B-2

介紹的3家旅館，都可以由多種顏色、花樣、設計的多彩浴衣中，挑選自己喜歡的使用。

下呂溫泉／待在夢幻的著名飯店裡

在名湯裡心靈和身體都獲得療癒
在浴池聞名的飯店裡放鬆身心

日本三名泉之一的下呂溫泉。
我們精心挑選出，一眼看遍溫泉街的展望浴池、幸福時光一人獨享的
包租露天浴池等，泡在匠心獨具的浴池裡享受名湯的溫泉旅館。

1 秋天時可以欣賞紅葉的包租露天浴池「綠風」。7個露天浴中有5個面對溪流，十分富有野趣 **2** 放有大型沙發的時尚客房 **3** 晚餐在餐廳享用炙烤會席

一人獨占富有野趣的露天浴池

湯あそびの宿 下呂觀光ホテル本館
ゆあそびのやどげろかんこうホテルほんかん

位於俯瞰飛驒川與溫泉街高地上的溫泉旅館。寬闊的大浴場，以及室外的包租露天浴池、客房內的露天浴池等多元的溫泉可供享用。使用當地食材的會席料理，也是這家旅館的樂趣之一。

擺放了義大利Cassina家具和飛驒家具的大廳

浴池DATA
浴池數	內湯 男1、女1／露天 男2、女2／包租（露天）7
包租浴池	2800日圓／15:00～22:00／45分鐘
外來入浴	11:30～13:00（不定休）／1050日圓

☎ 0576-25-3161
⌂ 下呂市幸田1113
🕐 IN15:00 OUT10:00
¥ 1泊2食10800日圓～
Ⓟ 有
🚃 JR下呂站步行15分(有接送，需預約)
MAP 別冊11A-1

1 備有庭園露天浴池的客房「佳悅の間」 **2** 使用飛驒牛等當地食材盛盤精美的晚餐「余情會席」 **3** 位於高地的露天浴池。有下呂富士之稱的雄偉中根山就近在眼前

以露天浴池的視野和四季各異的料理聞名

懷石宿 水鳳園
かいせきやどすいほうえん

離合掌村近、建在靠山處的寧靜旅館。內有多種浴池，像是可以俯瞰下呂街區的屋頂展望浴池，以及御影石造內湯、包租露天浴池等。晚餐可以享用到使用當令時材和飛驒牛的「余情懷石」。

本館和別館合計19間客房的溫泉旅館

浴池DATA
浴池數	內湯 男1、女1／露天 男1、女1／包租（內湯附露天）1・(別館專用內湯)1
包租浴池	2000日圓／13:00～24:00／45分鐘，別館免費
外來入浴	8:30～10:00、14:00～15:30、18:30～20:00（不定休）／840日圓

☎ 0576-25-2288
⌂ 下呂市森2519-1
🕐 IN14:00 OUT10:00
¥ 1泊2食15950日圓～
Ⓟ 有
🚃 JR下呂站車程5分(有接送，需預約)
MAP 別冊11C-2

搭配旅遊形式享受純泡湯

由於接受外來入浴的旅館很多，因此建議可以使用「湯めぐり手形」（P.107）好好享受各家的溫泉。應事先確認可以使用的旅館。此外，「水明館」還有搭配午餐的純入浴專案哦。

■ 有著木材香氣的露天浴池。飛驒的群山和下呂的溫泉街都可以一覽無遺 ■ 面對著阿多野川興建的7層樓高日本旅館

浴池DATA

浴池種類	內湯 男1、女1／露天 男1、女1／包租（露天）3
包租浴池	3000日圓／15:00～23:00／40分鐘
外來入浴	18:00～20:00（不定休）／1000日圓

包租露天浴池和附露天浴池客房人氣高

下呂ロイヤルホテル 雅亭

げろロイヤルホテルみやびてい

現代化日式建築令人印象深刻的旅館。擁有足湯、鋪有榻榻米的大浴場、壺湯和全檜木露天浴池、2種型態的包租露天浴池，館內就可以享受泡多種湯的樂趣。9間附溫泉露天浴池的客房更是備受好評。

☎ 0576-24-1002 ⌂ 下呂市湯之島758-15
⏰ IN15:00 OUT10:00 ¥ 1泊2食12778日圓～
Ⓟ 有 🚃 JR下呂站步行5分（有接送）
MAP 別冊11B-2

■ 著名的露天岩池「河原の湯」泉量豐富，也有附露天浴池的客房 ■ 走過竹林的通道後便能看到數寄屋形式的旅館

浴池DATA

浴池種類	內湯 男1、女1／露天 男1、女1／包租（露天）1
包租浴池	免費／14:30～20:40／40分鐘
外來入浴	18:30～19:30（不定休）／限使用湯めぐり手形

位於飛驒川畔、隱士居所風格的日本旅館

川上屋 花水亭

かわかみやかすいてい

位於稍微遠離溫泉街的飛驒川畔，有著隱士所般的氛圍。設有可以欣賞美麗飛驒川潺潺流水的岩石浴池，和整個庭園盡收眼底的全檜木造的包租露天浴池，可以好好地休憩。

☎ 0576-25-5500 ⌂ 下呂市湯之島30
⏰ IN14:00 OUT11:00 ¥ 1泊2食26250日圓～
Ⓟ 有 🚃 JR下呂站車程4分（有接送，13:30～17:40電車到站時刻）MAP 別冊11A-1

■ 綠色樹林和巨岩包圍下，充滿野趣的露天浴池 ■ 廣闊占地內也有庭園泳池

浴池DATA

浴池種類	內湯 男3、女3／野天 男1、女1／包租（內湯）3
包租浴池	1小時3240日圓／10:00～21:00（外來為11:00～17:00，入浴費另收1人500日圓）
外來入浴	10:00～17:00（不定休）／1000日圓

東海地區最大規模的老字號溫泉旅館

水明館

すいめいかん

飛驒川畔4棟並列，下呂溫泉的代表性溫泉度假村。氛圍優雅的館內，除了露天浴池和展望大浴場等的溫泉之外，還有溫泉泳池、美容護膚和酒吧，甚至能劇舞台都有。

☎ 0576-25-2800 ⌂ 下呂市幸田1268
⏰ IN14:00 OUT12:00 ¥ 1泊2食16000日圓～
Ⓟ 有 🚃 JR下呂站步行3分（有接送）MAP 別冊11B-2

下呂溫泉屬於鹼性高並有些黏滑的美人湯。無色透明的柔順溫泉有皮膚滑嫩的效果，因此特別受到女性的喜愛。

下呂溫泉／在浴池聞名的飯店裡放鬆身心

由鄉土味到甜點
漫步於飛驒古川

因城下町而繁榮的飛驒古川裡，還留有鯉魚悠游的瀬戶川和白牆土倉的製酒商、格子戶的商家等。來這裡好好感受生根在生活中的工匠美技和商人的氣魄。

整個繞上一圈 **3小時**

建議出遊Time
11:00-14:00

店到店之間的移動，可以考慮一間一間吃下去的方式，安排時記住不要太趕時間。也最好安排跨中午的時間，以便在餐飲店或咖啡廳享用午餐。

純白的牆壁好搶眼喔

小·小·旅·程·提·案

飛驒古川站
步行5分

1 **古老街區（飛驒古川）**
步行5分

2 **飛驒匠人文化館**
步行即到

3 **味処古川**
步行5分

4 **三嶋和蝋燭店**
步行即到

5 **牧成舍 瀬戶川店 Café b.**
步行5分

飛驒古川站

---

1 古老街區（飛驒古川）
ふるいまちなみ（ひだふるかわ）
悠閒遊逛在寧靜的街區上

有許多造酒業者、日本蠟燭等古老商家，以及傳統建築樣式民宅的街區。有著典雅風情，也是極好的拍照景點。

☎ 0577-73-2111（飛驒市觀光課）
⌂ 飛驒市古川町壱之町 P 有（市役所停車場等）🚉 JR高山本線飛驒古川站步行5分 MAP 別冊10上B-2

有喜歡的店就進去看看，別客氣

2 飛驒匠人文化館
ひだのたくみぶんかかん
學習不使用鐵釘的建築技巧

以展示和表演的方式，介紹飛驒工匠的建築歷史與技術。此外，還可以嘗試製作木結構組合等。

☎ 0577-73-3321 ⌂ 飛驒市古川町壱之町10-1 ⏰ 9:00～17:00（12～2月為～16:30）休 週四（逢假日則開館）¥ 300日圓 P 無 🚉 JR高山本線飛驒古川站步行10分 MAP 別冊10上B-1

以木工的傳統技巧興建的設施

腳下有著小小的標示板	時光倒流般的風景	稱為「雲」的簷下裝飾	清流荒城川上的紅色橋樑很醒目

3 味処古川
あじどころふるかわ

特色是商家樣式的店面外觀

在有著高雅情趣又和街區氛圍融為一體的寬敞店內，可以享用到堅持使用飛驒食材的和食。另備有特產品，最適合選購為伴手禮。

☎ 0577-73-7100 ⌂ 飛驒市古川町壱之町11-3 ◷ 11:00〜16:00(販賣部為9:00〜17:00) 休 不定休 ᴾ 無 ᴿ JR高山本線飛驒古川站步行5分 ᴹᴬᴾ 別冊10上B-1

飛驒牛朴葉味噌牛排定食 2160日圓

打造的飛驒工匠美技建築

4 三嶋和蠟燭店
みしまわろうそくてん

江戶時代傳承至今的老店

使用傳統的技巧，一支一支手工生產的日本蠟燭煤煙低且耐久，風評非常好。部分日子還可以看到工作的模樣。

☎ 0577-73-4109 ⌂ 飛驒市古川町壱之町3-12 ◷ 9:30〜17:00(有季節性變動) 休 週三(有臨時休業) ᴾ 無 ᴿ JR高山本線飛驒古川站步行5分 ᴹᴬᴾ 別冊10上B-2

全日本都罕見的日本蠟燭是飛驒古川的名產

日本蠟燭1支150日圓

5 牧成舍 瀬戸川店 Café b.
ぼくせいしゃせとがわてんカフェビー

濃郁香草和最中的搭配

當地小牛牛奶公司牧成舍的甜點。自製手烤最中餅皮裡塞入香草或抹茶等的冰淇淋。手持大小最為適中。

☎ 0577-73-0530 ⌂ 飛驒市古川町殿町7-16 ◷ 4〜10月的10:00〜16:00 休 週三不定休 ᴾ 無 ᴿ JR高山本線飛驒古川站步行5分 ᴹᴬᴾ 別冊10上B-2

外皮香酥可口的最中冰淇淋 300日圓

來個點心時間吧

patisserie Matsuki
パティスリーマツキ

當地居民掛保證的人氣甜點店

☎ 0577-73-2159 ⌂ 飛驒市古川町南成町3-9 ◷ 9:30〜18:30 休 週一(逢假日則週二休) ᴾ 有 ᴿ JR高山本線飛驒古川站步行15分 ᴹᴬᴾ 別冊3B-2

1 白色獨戶式風格的外觀
2 小蛋糕335日圓〜

飛驒市役所
富山
飛驒古川まつり会館 ᴾ
❷飛驒匠人文化館
飛驒古川站 高山本線
480
円光寺
白壁土蔵街 ᴿ
C
味処古川❸
真宗寺
❺牧成舍 瀬戸川店 Café b.
S
本光寺
千代の松原公園
476
41
❹三嶋和蠟燭店
富川
❶古老街區(飛驒古川)
新蛤橋
C patisserie Matsuki
高山
N

古老街區和白牆土倉的街道。來回於氛圍迥異的二個街道後，就會有跨越時間軸瞬間移動般的奇特感覺。

my co-Trip

潺潺水聲作為背景音樂 好好逛逛郡上八幡

清流的水聲洗滌心靈的水城，郡上八幡。
除了古城郡上八幡城和夏天的風情畫「郡上舞」之外，
也是名聞全日本的食品模型製作城市。

整個繞上一圈
3小時30分

建議出遊Time
11:00-14:30

想要好好遊逛也想加入午餐的話，就應該上午出發。利用上午的清新時間散散步，下午就是午餐、體驗和積極遊逛的時間了。

潺潺水聲撫慰了心靈～

來挑戰做天麩羅吧♪

小·小·旅·程·提·案

城下町プラザ巴士站

↓ 步行20分

1 **郡上八幡城**

↓ 步行25分

2 **やなか水のこみち**

↓ 步行即到

3 **郡上炭火焼き うなぎの魚寅**

↓ 步行即到

4 **食品サンプル創作館 さんぶる工房**

↓ 步行即到

5 **齋藤美術館**

↓ 步行5分

城下町プラザ巴士站

1 卵石鋪成的道路和清澈的水令人印象深刻「やなか水のこみち」 2 第1個被選為日本名水百選的「宗祇水」 3 ♪「さんぶる工房」的手工體驗作為郡上八幡的回憶 4 小河道旁的寧靜散步路「いがわこみち」 5 「郡上八幡舊廳舍紀念館」設有特產品的展示、販賣專櫃和免費休憩所

1 郡上八幡城
ぐじょうはちまんじょう

天守閣上全城盡收眼底

郡上八幡城有4層5樓，是全日本最古老的木造重建日本城。位於海拔354m的山頂，城內看出的景色美不勝收。

☎ 0575-67-1819(郡上八幡產業振興公社)
⌂ 郡上市八幡町柳町一の平 ◷ 9:00～17:00
(6～8月為8:00～18:00、11～2月～16:30)
㊡ 無休(12月20日～1月10日不開放)
¥ 300日圓 ☐ 有 ♟ 長良川鐵道郡上八幡站搭乘まめ巴士城下町プラザ站牌下車步行18分
MAP 別冊10下C-3

初夏新綠、秋季紅葉橙美的日本城

2 やなか水のこみち
やなかみずのこみち

水聲令人愉悅的休憩景點

使用採自當地河川的8萬個卵石鋪成的水邊小徑。設計變化流動的小水渠等，富有玩心的設計令人愉快。

☎ 0575-67-0002(郡上八幡觀光協會)
⌂ 郡上市八幡町新町 ☐ 無 ♟ 長良川鐵道郡上八幡站搭乘まめ巴士新町站牌下車即到
MAP 別冊10下B-4

有曲線的石板路風情獨具

3 郡上炭火燒き うなぎの魚寅
ぐじょうすみびやき うなぎのうおとら

品嘗郡上八幡的季節美味

6月下旬到10月下旬，可以吃到吉田川和長良川捕獲的野生香魚，而11月中旬到3月則可以品嘗到味噌口味的野豬火鍋等，也提供當令料理的鰻魚餐廳。

☎ 0575-65-3195 ⌂ 郡上市八幡町新町953
◷ 11:00～14:30、17:00～20:00 ㊡ 週二
☐ 有 ♟ 長良川鐵道郡上八幡站搭乘まめ巴士新町站牌下車即到 MAP 別冊10下B-4

[地圖標示]
小駄良川
郡上八幡博覽館
郡上八幡城 ❶
郡上八幡的古老街區
郡上八幡ホテル積翠園
城山公園
郡上八幡IC
城下町プラザ
郡上八幡舊廳舍紀念館
宗祇水
宮ヶ瀬橋
いがわこみち
新町
吉田川
❹ 食品模型創作館 さんぷる工房
❺ 齋藤美術館
256
下呂
❷ やなか水のこみち
郡上八幡站
Ⓡ ❸ 郡上炭火燒き うなぎの魚寅

要享用野生的魚料理就來這裡！

4 食品模型創作館 さんぷる工房
しょくひんサンプルそうさくかんさんぷるこうぼう

體驗製作食品模型

店內滿是和真品一模一樣的食品模型。可以參觀製作程序和體驗製作模型(需預約)，另有有趣的各式伴手禮。

☎ 0575-67-1870 ⌂ 郡上市八幡町橋本町956 ◷ 9:00～17:00(郡上舞祭期間延長營業)
㊡ 週四 ¥ 910日圓～(體驗) ☐ 無
♟ 長良川鐵道郡上八幡站搭乘まめ巴士城下町プラザ站牌下車步行5分
MAP 別冊10下B-4

做工精巧無比的模型，讓人看了禁不住肚子餓了起來

5 齋藤美術館
さいとうびじゅつかん

接觸棲息在茶道文化心靈的日本的傳統美學

在這個由江戶時代至今，收集了270年收藏品又開放參觀的美術館裡，可以在優雅的空間裡欣賞珍貴的館藏。

☎ 0575-65-3539 ⌂ 郡上市八幡町新町927
◷ 10:00～17:00 ㊡ 週四(8月無休)、1·2月
¥ 300日圓 ☐ 無 ♟ 長良川鐵道郡上八幡站搭乘まめ巴士城下町プラザ站牌下車步行5分
MAP 別冊10下B-4

也有改裝土庫倉而成的展示室

水城郡上八幡裡，到處都有飲水的地方，清澈而爽口的湧水非常甘美哦。

100倍享受夏天的
風情畫郡上舞的訣竅

全城都陷入熱情之中的夏季風情畫，郡上舞（郡上おどり）。
最盛大的徹夜舞，是造訪時務必一試的美好體驗。
在此介紹好好享受這盛大祭典的訣竅。

先把代表性的「かわさき」歌詞記下來。

滿意之後就進到圈子內啪啪跳跳看。

先來預習
什麼是郡上舞？

日本三大民族舞蹈之一
與阿波舞、花笠舞同列為日本三大民族舞蹈之一。出現在江戶時代，之後年年傳唱舞蹈至今達400年。

舞蹈共10曲
郡上舞的種類共有10種。可以體驗到富有風情的「かわさき」、快節奏的「春駒」等不同的曲調。

就是要通宵！
最盛大的活動，就是相當於盂蘭盆節的8月13日到16日之間舉行的徹夜舞。來自日本全國的20萬人跳舞直到早上。

約5萬人一起跳的徹夜舞場面非常壯觀

行家是這麼享樂的

參加舞蹈體驗講習領先他人
郡上舞期間中的週六日和8月13日～16日之間，會舉辦「郡上舞教室」。就去學習到帥氣的舞蹈方式吧。不是郡上舞期間時，也會舉辦舞蹈體驗專案。
☎ 0575-67-1819（郡上八幡產業振興公社）

空手前往到地方再租借浴衣
在町內可以租到手工製作，很講究設計的浴衣，需預約（浴衣+帶，附著衣3500日圓）。
☎ 0575-65-3854
（石山吳服店）

備有各種色彩的多種浴衣

都找齊全後會更有趣
郡上舞商品的種種

手巾
400日圓
每年圖案都會變更

迷你團扇
210日圓
上面寫有「かわさき」的一節歌詞

吸油紙
200日圓
只要使用後就會浮現出舞者的模樣

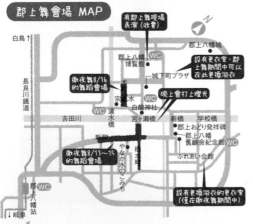

郡上舞會場 MAP

白鳥↑

長良川鐵道

吉田川

有郡上舞現場表演（收費）

郡上八幡城

郡上八幡博覽館

設有更衣室‧郡上舞期間中可以在此更換浴衣

城下町プラザ

徹夜舞8/16的舞蹈會場

晚上會點打上燈光

宗祇水

清水橋

白龍神社

宮ヶ瀨橋

新橋

學校橋

郡上おどり発祥碑

郡上八幡舊廳舍記念館

ふれあい会館

徹夜舞8/13～15的舞蹈會場

やなか水のこみち

郡上八幡站

↓岐阜

設有更換浴衣的更衣室（僅在徹夜舞期間中）

郡上八幡博覽館內滿是小鎮的魅力。「郡上舞」的專櫃上每天都有現場表演，也可以看著影片做練習。

泡在寬闊的浴槽裡，就會感覺到肩膀的力量都放鬆了。

在不經意的瞬間湧現出，來到了這裡旅行的切身感受。

就算是微不足道的小插曲，旅行的魔力都能讓它變為旅行中的一個美麗片段。

前往高山的交通方式

移動本身也是旅行的一個部分，所以希望能夠又快又舒適。
讓這次旅程能夠更愉快的，
一目瞭然的就是「ことりっぷ」的交通方式了。

※本書中登載的費用為2014年1月時的金額。
2014年4月以後金額可能會有變動，請注意。

各地前往高山

新幹線在名古屋站轉乘特急列車前往高山站。
搭飛機則先由中部國際機場搭乘名鐵機場特急到名古屋站。

高山的大門是JR高山本線的高山站；往高山站需在名古屋搭乘JR特急「ワイドビューひだ」，「ワイドビューひだ」在名古屋站可以接續東海道新幹線。國人可先由中部國際機場搭乘名鐵機場特急前往名古屋站。

> ### 活用「フリープラン」！
>
> 日本各大旅行社，都會發售前往神戶等大都會和著名觀光地區的各種「フリープラン」，這是由去回的交通工具和飯店的套裝行程。到了當地是自由行動，價格低廉，比各別預約要便宜很多。宣傳單的封面有「高山」字樣的，就可以拿來看看內容。

出發地點	交通工具	路線	需時	價格
東京	🚄	東京站→新幹線のぞみ→**名古屋站**→JR特急（ワイドビュー）ひだ→**高山站**	4小時20分	14500日圓
	🚌	新宿高速BT→京王巴士→**高山濃飛BC**	5小時30分	6500日圓
名古屋	🚄	**名古屋站**→JR特急（ワイドビュー）ひだ→**高山站**	2小時20分	5870日圓
	🚌	名鐵BC→名鐵／JR東海巴士→**高山濃飛BC**	2小時35分	2900日圓
大阪	🚄	大阪站→JR特急（ワイドビュー）ひだ→**高山站**	4小時14分	8070日圓
	🚄	新大阪站→新幹線のぞみ→**名古屋站**→JR特急（ワイドビュー）ひだ→**高山站**	3小時17分	10510日圓
	🚌	OCAT BT→近鐵巴士→**高山濃飛BC**	5小時27分	5500日圓
福岡	🚄	博多站→新幹線のぞみ→**名古屋站**→JR特急（ワイドビュー）ひだ→**高山站**	6小時17分	20480日圓
札幌	✈️	札幌（新千歲）機場→JAL·ANA·SKY→**中部國際機場**→名鐵特急→**名古屋站**→JR特急（ワイドビュー）ひだ→**高山站**	4小時47分	不同時期會有差異，需確認
金澤	🚌	金澤站→北陸鐵道巴士→**高山濃飛BC**	2小時15分	3300日圓
長野	🚄🚌	長野站→JR特急（ワイドビュー）しなの→**松本站**→ALPICO交通巴士→**高山濃飛BC**	3小時10分	5870日圓

🚌 也可以搭乘巴士旅行

巴士旅行既是不必轉乘的輕鬆旅程，也比新幹線和飛機更便宜。巴士有夜行、日間等眾多的班次，搭乘夜行巴士時，還可以在當地玩個1整天。搭巴士出遊之前，別忘了先訂票和弄清楚搭車地點。

🚃 用青春18車票的慢行之旅

青春18車票（青春18きっぷ）是可以1整天無限制搭乘JR的快速、新快速的車票，悠閒地搭著火車的慢行之旅，說不定在途中會有什麼想不到的新發現呢。一張票可以用5日（人），11500日圓。配合春假、暑假、寒假期間發售。

電車

JR東海、電話中心
‧‧‧‧‧‧‧‧☎050-3772-3910

JR東日本、詢問中心
‧‧‧‧‧‧‧☎050-2016-1600

JR西日本、顧客中心
‧‧‧‧‧‧‧‧☎0570-00-2486

名鐵顧客中心
‧‧‧‧‧‧‧‧☎052-582-5151

飛機

JAL（日本航空）‧☎0570-025-071
ANA（全日空）‧‧‧☎0570-029-222
SKY（SKYMARK航空）
‧‧‧‧‧‧‧‧☎050-3116-7370

高速巴士

京王巴士‧‧‧‧‧‧‧☎03-5376-2222
ALPICO交通巴士‧☎0263-35-7400
（高速巴士松本預約中心）
名鐵巴士‧‧‧‧‧‧‧☎052-582-0489
JR東海巴士‧‧‧‧‧☎052-563-0489
濃飛巴士‧‧‧‧‧‧‧☎0577-32-1688
岐阜巴士‧‧‧‧‧‧‧☎058-240-0489
北陸鐵道巴士‧‧‧‧☎076-234-0123
近鐵巴士‧‧‧‧‧‧‧☎06-6772-1631

路線巴士

濃飛巴士（高山）‧☎0577-32-1160
濃飛巴士（下呂）‧☎0576-25-2126
岐阜巴士‧‧‧‧‧‧‧☎058-266-8822
加越能鐵道巴士‧‧☎0766-22-4888
ALPICO交通巴士（松本巴士總站）
‧‧‧‧‧‧‧‧☎0263-32-0910

※以上詢問處基本上使用的語言是日文，
　請注意。

co-Trip推薦
可使用行動電話、PC的網站

國內線.com（日文網站）
可以檢索、購買日本國內航空公司的
路線
http://m.kokunaisen.com（行動電話）
http://www.kokunaisen.com/（PC）

駅探
可以檢索飛機電車的時刻、票價
http://1069.jp（行動電話）
http://ekitan.com/（PC）

享受安房隘口路線！

要前往高山，除了JR之外，另有越過
安房隘口的國道。由於景觀極為壯
麗，去程和回程可以改變路線享受一
番。新宿和松本都有高速巴士的
班次。

靈活運用飛機的折扣機票

航空公司都會提供像是購買雙程票，或
是早鳥票、特定班次機票等的折扣票
種。活用每家航空公司都會推出的折扣
機票制度，享受一趟低廉的空中之旅
吧。

「高山濃飛巴士中心」位於出了JR高山站後的左側，旅行資訊等都可以在此收集。

各地前往白川鄉、奧飛驒溫泉鄉、下呂溫泉、郡上八幡

基本上是由JR高山站搭乘路線巴士前往的路線。
部分觀光區有從名古屋直接前往的交通工具。

前往白川鄉、奧飛驒溫泉鄉，JR高山站前有路線巴士可以搭乘。名古屋、金澤也有直達高速巴士前往白川鄉。要去下呂溫泉需JR高山本線下呂站下車；往郡上八幡則從名古屋搭乘高速巴士最為方便。

東京、名古屋、大阪前往白川鄉

出發地點	交通工具	路線	需時	價格
東京		東京站→新幹線のぞみ→**名古屋站**→JR特急（ワイドビュー）ひだ→**高山站**→濃飛巴士→**白川鄉**	6小時	16900日圓
		東京站→新幹線のぞみ→**名古屋站**→岐阜巴士→**白川**	5小時3分	14280日圓
名古屋		**名古屋站**→JR特急（ワイドビュー）ひだ→**高山站**→濃飛巴士→**白川鄉**	3小時57分	8270日圓
		名鐵BC→岐阜巴士→**白川鄉**	2小時53分	3500日圓
大阪		新大阪站→新幹線のぞみ→**名古屋站**→JR特急（ワイドビュー）ひだ→**高山站**→濃飛巴士→**白川鄉**	4小時20分	12910日圓
		新大阪站→新幹線のぞみ→**名古屋站**→岐阜巴士→**白川鄉**	3小時42分	9880日圓

高山、金澤前往白川鄉

出發地點	交通工具	路線	需時	價格
高山		**高山濃飛BC**→濃飛巴士→**白川**	50分	2400日圓
金澤		**金澤站前**→北陸鐵道巴士→**白川鄉**	1小時15分	1800日圓

東京、名古屋、大阪、高山前往奧飛驒溫泉鄉

出發地點	交通工具	路線	需時	價格
東京		東京站→新幹線のぞみ→**名古屋站**→JR特急（ワイドビュー）ひだ→**高山站**→濃飛巴士→**平湯溫泉**	5小時37分	16030日圓
		新宿高速BT→京王巴士→**平湯溫泉**	4小時30分	5700日圓
名古屋		**名古屋站**→JR特急（ワイドビュー）ひだ→**高山站**→濃飛巴士→**平湯溫泉**	3小時57分	7400日圓
大阪		**大阪站**→JR特急（ワイドビュー）ひだ→**高山站**→濃飛巴士→**平湯溫泉**	5小時41分	9600日圓
高山		**高山濃飛BC**→濃飛巴士→**平湯溫泉**	57分	1530円

東京、名古屋、大阪、高山前往下呂溫泉

出發地點	交通工具	路線	需時	價格
東京		東京站→新幹線のぞみ→**名古屋站**→JR特急（ワイドビュー）ひだ→**下呂站**	3小時25分	13500日圓
名古屋		**名古屋站**→JR特急（ワイドビュー）ひだ→**下呂站**	1小時40分	4300日圓
大阪		**大阪站**→JR特急（ワイドビュー）ひだ→**下呂站**	3小時28分	7130日圓
高山		**高山站**→JR特急（ワイドビュー）ひだ→**下呂站**	43分	2190日圓

名古屋、高山、白川鄉前往郡上八幡

出發地點	交通工具	路線	需時	價格
名古屋	🚌	名鐵BC→岐阜巴士→郡上八幡（城下町プラザ）	1小時22分	2000日圓
高山	🚌	高山濃飛BC→濃飛巴士→郡上八幡IC	1小時19分	1800日圓
白川鄉	🚌	白川鄉→岐阜巴士→郡上八幡（城下町プラザ）	2小時	2100日圓

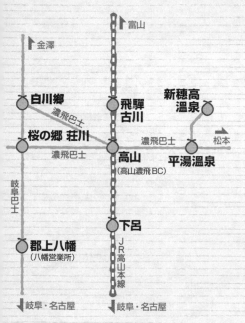

也有這種車票

高山&新穗高2日自由乘車券

高山濃飛BC～新穗高溫泉區域內的濃飛巴士2日自由乘車券4110日圓。另有平湯溫泉～新穗高溫泉之間的濃飛巴士2日自由乘車券1540日圓的「奧飛驒溫泉鄉2日自由乘車券」。可在高山濃飛BC、平湯溫泉BT等地購得。

高山市內1日自由乘車券

含「猴寶寶巴士」在內的高山市內濃飛巴士1日自由搭乘620日圓、2日則為1030日圓。此外，還有高山站前～飛驒之里的去回票，加上「飛驒之里」入館券的套票「飛驒の里セット券」（930日圓）。都可以在高山濃飛BC購得。

飛驒路自由乘車券

名古屋站周邊的主要車站～自由區間（下呂～飛驒古川），可以搭乘特急的普通車指定座；可以自由搭乘高山濃飛BC～新穗高溫泉的濃飛巴士，另附有6000日圓分量的計程車乘車券，3天內有效。票種有1人用（11800日圓）到2～4人用不等。

定期觀光巴士的全套之旅

想遊逛所有著名的觀光勝地又不想要訂定計劃時，參加定期觀光巴士最為方便。也附有詳細的導覽，可以有一段划算的旅程。都需要先行預約。

《五箇山、白川鄉巡遊》 ★=附餐

路線名稱	出發處	路線	需時	價格
世界遺產 五箇山相倉與白川鄉	高山濃飛BC8:30出發	五箇山相倉合掌造聚落～天守閣（午餐）～白川鄉	6小時40分	6690日圓★
世界遺產 五箇山菅沼與白川鄉	高山濃飛BC10:30出發	五箇山菅沼合掌造聚落～天守閣（午餐）～白川鄉	5小時30分	6690日圓★

預約、詢問=濃飛巴士📞0577-32-1688

名古屋出發往下呂時，1天1往返的直達巴士很划算（去回3000日圓）。請至下呂溫泉旅館協同組合的網站（http://www.gero-spa.or.jp）查詢！

㊥ 主要景點　Ⓡ 餐廳　Ⓒ 咖啡廳　Ⓢ 商店　Ⓗ 飯店　⊛ 溫泉

ℂ 主要景點　ℝ 餐廳　ℂ 咖啡廳　ℂ 商店　ℍ 飯店　ℍ 溫泉

ことりっぷ co-Trip 小伴旅
飛驒高山・白川鄉

【co-Trip日本系列 9】
飛驒高山・白川鄉小伴旅

作者／MAPPLE 昭文社編輯部
翻譯／張雲清
校對／王凱洵
發行人／周元白
製版印刷／長城製版印刷股份有限公司
出版者／人人出版股份有限公司
地址／23145新北市新店區寶橋路235巷
6弄6號7樓
電話／（02）2918-3366（代表號）
傳真／（02）2914-0000
網址／www.jjp.com.tw
郵政劃撥帳號／
16402311人人出版股份有限公司

經銷商
聯合發行股份有限公司
電話／（02）2917-8022

第一版第一刷／2014年2月
第一版修訂第三刷／2016年2月
定價／新台幣300元

國家圖書館出版品預行編目(CIP)資料

飛驒高山・白川鄉小伴旅 / MAPPLE昭
文社編輯部作；張雲清翻譯. -- 第一版.
-- 新北市：人人, 2014.02
面；　公分. -- (co-Trip日本系列；9)
譯自：飛驒高山・白川鄉
ISBN 978-986-5903-37-4(平裝)

1.旅遊 2.日本岐阜縣
731.74409　　　　　　　102025295

JMJ

co-Trip HIDATAKAYAMA SHIRAKAWA-GO
ことりっぷ 飛驒高山・白川鄉
Copyright © Shobunsha Publications, Inc. 2013
All rights reserved.
First original Japanese edition published by
Shobunsha Publications, Inc. Japan
Chinese (in traditional characters only)
translation rights arranged with Jen Jen
Publishing Co., Ltd.
through CREEK & RIVER Co., Ltd.

●本書提供的，是2013年12月至~2014年1月的資訊。由於資訊可能有所變更，要利用時請務必先行確認。因日本調高消費稅，各項金額可能有所變更；部分公司行號可能標示不含稅的價格。此外，因為本書中提供的內容而產生糾紛和損失時，本公司礙難賠償，敬請事先理解後使用本書。
●電話號碼提供的都是各設施的詢問電話，因此可能會出現非常地號碼的情況。因此使用衛星導航等設備查詢地圖時，可能會出現和實際不同的位置，敬請注意。
●各種費用部分，入場券部分的標示以大人的票價為基準。
●開館時間、營業時間，以到停止入館的時間之間，或是到最後點餐時間之間為基準。
●不營業的日期，只標示公休日，不包含臨時停業或盂蘭盆節和過年期間的休假。
●住宿費用的標示，是淡季平日2人1房入宿時的1人份費用。但是部分飯店，也可能房間為單位來標示。
●交通標示出來的是主要交通工具的參考所需時間。
●本文內詢問處基本上使用的語言是日文，請注意。

●この本に掲載されている地図の作成に当たっては、国土地理院長の承認を得て、同院発行の2万5千分の1地形図、20万分の1地勢図を使用した（承認番号　平25情使、第7-153982号　平25情使、第9-153982号）
●この本に掲載された地図のシェーディング作成にあたっては、「地形モデル作成方法」（特許第2623449号）を使用しました。

●著作權所有　翻印必究●